社長の覚悟

守るべきは社員の自尊心

柴田励司 著

ダイヤモンド社

社長の覚悟 ◉目次

プロローグ

三八歳・新米社長、私の失敗

You work for meから I work for youへ

私はこれまで経営者もしくはアドバイザーという立場で、一五〇社を超える企業に関わってきました。その中には、キャドセンター、デジタルハリウッド、カルチュア・コンビニエンス・クラブなど、みなさんもよくご存じの会社も数多く含まれています。現在は、自ら設立した会社「Ｉｎｄｉｇｏ Ｂｌｕｅ」で経営コンサルティング事業や人材育成事業に取り組み、次世代の経営者・リーダーの育成に力を注いでいます。加えて、二〇一四年七月からは東証マザーズ上場のパス（旧・イー・キャッシュ）のＣＥＯを兼務しています。

しかし、社長業の出発点においては、会社再建や人材育成どころか、会社の状態をぐちゃぐちゃにしてしまった、「ダメな社長」の典型のような人間でした。

三八歳のとき、外資系コンサルティング会社の日本法人で、私は初めて「社長」のポジションに就きました。まだ若かった私は、人生初の社長業に少々前のめりになっていたのかもしれません。「社長たるものビジョンを示し、戦略を描き、周知徹底しなければ……」と、巻の教則本にあるとおりに振る舞いました。すべての会議を仕切り、ＣＣを含むすべてのメールに全力で返信する。朝いちばん早く出社して、帰りもいちばん最後。すべては会社の業績を上げるため。これ以上やれるかというくらい、自分の時間を徹底的に仕事に費やしていたのです。

当時の私は、そうした行動が正しいと心から信じていました。ところが現実は、私の思いとは大きくかい離していたのです。

私が動けば動くほど、なぜか部下たちの心は離れて、仕事はうまくいかない。焦ってさらに仕事に打ち込むが、空回りは加速するばかり。ついには、本来ならば二人三脚で会社の経営に当たるべき役員・幹部をなじり、「自分は全力でやっている。うまくいかないのは、君たちの責任だ」と公然と批判をするようになっていたのです。批判された方にだって、当然言い分はあります。しかし、私は彼らの言葉に一切耳を傾けようとはしませんでした。いま振り返っても、つくづく「ひどい社長だったな」と深く反省しています。

変わるきっかけを与えてくれたのは、秘書のひと言でした。

ある夜、私は、社員の一人を非難するメールを社員全員に一斉送信しました。そのとき、秘書がこう言ったのです。

「こんな夜中に、個人攻撃のメールを……。しかもCCで大勢の社員に送っている社長の下で働きたがる人がいると思いますか?」

きっと、私自身、会社の業績や社員たちとの関係がうまくいかないことに追い込まれていたのでしょう。この言葉が、私の胸にぐさりと刺さり、思わず涙が流れてきました。まさに彼女の言うとおり。私は口では「社員のため」と言いながら、実際には「自分のため」に自分のやりたいことをやっていただけ。自分のやりたいことを社員に押しつけていたのです。

それからは一念発起して、仕事のやり方を一八〇度転換しました。

それまでの「You work for me(お前ら俺のために働け)」から「I work for you(みんなのために働くよ)」というスタンスに立ち、部下との接し方を一つひとつ変えていったのです。さらに、ちょうどそのころ優れたリーダーの特性を分析するプロジェクトに関わっていたため、彼ら彼女らのいいところをすべてコピーして、自分が思う理想的なリーダー像を演じてみることにしました。

はじめは大変でした。会議に出れば、拙い進行や的外れな意見が気になってしょうがないわけです。しかし、そこでいちいち苛立って会議の場を仕切ってしまえば、以前と何も変わりません。そこでまずは出席する会議を絞りました。そもそも会議に出なければ、部下たちの言動が気になることはなく、余計なことを言わずに済むからです。メールに関しても、ＣＣで入ってくるメールに対しては返信をしないことに決めました。中にはどうしても気になる内容がありましたが、そんなときはＣＣで全員に返信をするのではなく、発信者にそっとアドバイスメールを送りました。部下からの報告を聞くときは穏やかな表情を心がけ、特に悪い報《しら》せを聞くときにはこちらからあえてジョークを飛ばして、緊張する報告者を和ませる気遣いをしました。すべては部下のため、つまり「I work for you」というスタンスから生まれた行動です。

こうしたことを続けていくうちに、会社の状況は劇的に好転していきました。

部下たちがこちらの思いどおりに動かずに四苦八苦していたのが嘘のように、彼らは自発的に動いてくれるようになり、結果として会社の業績も伸びていったのです。

外資系コンサルティング会社の社長を退いたあと、私は事業会社の経営者やアドバイザーという立場から多くの企業に関わってきました。それらの会社で常に意識していたのも、「I work for you」というスタンスであり、「いかにヒトと組織を育てるか」ということです。そして、その目的を達成するために、理想的なリーダー（社長）を演じてきました。

これまで関わった企業において、幸いにして私が経営再建を成し遂げることができたのも、ひとえに「ヒトと組織を育てること」に注力してきたからにほかならないと考えています。

〝動きすぎている〟社長たち 知らず知らずに

なぜ本書の冒頭でこんな昔話をしたのかと言えば、現在オーナー企業や新興企業からの依頼でコンサルティングやアドバイザーを務めるとき、それらの会社でかっての自分と同じ心象風景にある社長たちをよく見かけるからです。

彼らは、三八歳のときの私と同じ、「動きすぎる社長」になってしまっています。

「事業がうまくいってない」「業績が伸びない」「資金繰りが厳しい」「ヒトが育たない」など、彼らの会社はさまざまな問題を抱えています。その問題の根っこには往々にして「動きすぎてしまう社長自身の存在」があるのです。

やっかいなのは、社長たちの動きすぎがよかれと思ってなされたということです。

社長であれば、当然「この会社を背負っているのは自分だ」という責任感や自負心を強く持っています。会社に対する責任感や自負心は、社長として必ず持っているべき重要な資質のひとつであることは間違いありません。しかし、ときにその責任感や自負心が強すぎるあまり、知らず知らずのうちに会社のすべてに関与しようとしたり、自分一人ですべてのことを抱え込んでしまって、動きすぎてしまうことがあります。

以前、全国の中小企業、ベンチャー企業の経営者が集う「ダイヤモンド経営者倶楽部」で講演をした際も、こんなやりとりがありました。

会場にいらしていた経営者の方たちに「あなたは、自分の時間をどのように使っていますか?」という質問をしました。すると、ほとんどの方から「戦略の策定や人材の育成に時間を使いたいと考えている」にもかかわらず、現実には「日々の業務を自ら率先垂範することに自分の時間の大部分を割いている」という答えが返ってきたのです。この答えから見えてくるのは、仕事のコアな部分のほとんどを社長自身が引き取り、やってしまっている、動きすぎる社長たちの姿です。

すべての業務に関与して、社長自らが引っ張っていこうという姿勢は、個人事業もしくは従業員一〇人未満の小さな会社でやる分には何ら問題はありません。むしろ、社長個人の能力や情熱が推進力となり、事業が効率的に動いていく可能性は高いと言えます。

しかし、それなりの規模の組織で大きな仕事をしていこうとするときは、社長が前に出すぎることはたいていマイナスに作用します。

なぜなら、動きすぎる社長の下では「ヒトが育たない」からです。

一般に会社経営に不可欠な資源として、「ヒト、モノ、カネ」の三つが挙げられます。しかし、私の考えは違います。モノを生み出すのもヒト。カネを増やすのもヒト。つまり、会社を動かすのは「ヒト、ヒト、ヒト」であり、会社を生かすも殺すも「ヒトと組織次第」なのです。

動きすぎる社長の下では、経営のもっとも重要な資源である「ヒト」、つまり社員は育ちません。これは、経営者やアドバイザーとしての経験を通じて得た私の結論です。そして社員が育たなければ、会社の事業がうまくいくはずもありません。

たとえば、社長がすべての案件に口を出し、細部にわたって指示を出してきたらどうでしょう？　社長自身はそれで満足かもしれませんが、そんな仕事に社員の納得感や達成感はありません。やがて社員たちは仕事へのヤル気を失い、会社を去っていくか、社長の指示どおりに惰性で仕事をこなすようになります。結果、その会社の経営は停滞するか、傾いていきます。

そう、まさに「動きすぎる社長が会社を潰す」のです。

ヒトを育てれば、会社は必ず再生する

どんな優れた経営者でも、一人では会社を動かせません。会社を動かすには、そこに属する社員たちに動いてもらわなければいけません。

もしあなたの会社が何らかの問題を抱えて停滞しているのであれば、それは社員たちが停滞している証拠です。真っ先に取り組むべきは、社員の成長であり、活性化です。社員の成長はイコール会社の成長であり、社員の活性化はイコール会社の活性化につながります。

しかし、動きすぎる社長ほど、自社の社員たちを信頼せず、何もかもを自分でやろうとします。

先述した「ダイヤモンド経営者倶楽部」の経営者の方たちも、私が「なぜ、すべてを自分でやってしまうのですか?」と聞いたところ、口々に、

「うちの会社には、任せられる人材がいない」

「だから、自分が手本を見せたり、指示を出さなければいけないんだ」

とおっしゃっていました。

はたして、そうでしょうか?

そもそも、はじめから仕事が完璧にできる人間なんていません。まずは仕事の仕方を教えて、仕事を任せられそうだと思ったら、まずはやらせてみる。そこでうまくできれば、次の仕事を任せてみればいいし、うまくできなければ、「なぜ、できなかったのか?」「どうすれば、できるようになるのか?」を一緒に考えてフォローをする。社員は、そうやって育っていくのです。

また、仮に仕事を任せたとしても、動きすぎる社長がやりがちなのが、社員の意見に耳を傾けることをせず、「教えたとおりにやれ」と指示することです。仕事の仕方を教えることは大切ですが、社長が自分のやり方に固執するあまり、社員の自発的な行動を押さえ込んで、「指示どおりにやれ」「余計なことはするな」では、社員は冷や水を浴びせられたも同然、せっかくのヤル気も失ってしまいます。

「俺の指示どおりにやれ」という社長は、社員を「自分(社長)の使用人」として見ているのではないでしょうか。教えたとおりにできる人を「使える人材」、できない人を「使えない人材」と評価するような会社では、社長の顔色をうかがって行動するような人材が残るだけで、自分の頭で考えて、行動を起こすような社員は決して育ちません。

三八歳の私も、常に「会社は自分が引っ張らなければ」「そのために部下たちを動かさなければ」という考えにとらわれすぎていました。社員たちをまったく信じておらず、「自分は指示するもの、社員はその指示に従うもの」という認識があったのです。結果的に本来は自発的に動くはずの社員たちに動いてもらうことができず、空回りの連続。社員たちが「動かない」「育たない」状況を、自らつくってしまっていたのです。

幸い、私の場合は、秘書の言葉によって、会社にとって本当に必要なことに気づくことができました。

しかし世のほとんどの会社では、動きすぎる社長に対して誰も釘を刺す言葉を言わないため、社長は自分の誤りに気づかず、延々と空回りを続けています。

社長が、自分のために自分のやりたいことをやりたいようにやっている会社は、すぐに限界がきてしまいます。社員の力を最大限活用してこそ成長があるのです。さらに、成長が鈍化したときこそ、社員を信じて、その力を借りる。小さなプライドにこだわらずに頭を下げる。それができるかどうかで、その会社が苦境を乗り越えられるかが決まります。

本書は、悩める社長のみなさんへのヒント集です。

何らかの理由で停滞している企業も、トップである社長が、社員との接し方、社長としてのあり方をほんのすこし変えることで、再び活性化して、業績を回復させることができます。そのための指針を「七つの法則」としてまとめました。

社長自らが動き回り、会社を引っ張っていく必要はありません。社長の仕事は、社員たちの力を活用できる環境をつくることです。「I work for you」のスタンスで社員をしっかり育てれば、彼らが事業を推進し、業績を上げてくれます。

社員が自発的に動き出せば、会社は必ず再生します。

法則1

社員を動かそうと思ってはいけない

社員はそもそも「動かない」

この「法則1」のタイトルを見て、戸惑った方も多いのではないでしょうか。

本書のテーマは「自発的な社員を育てること」「社員の力を最大限に活用すること」です。にもかかわらず、いきなり「社員を動かそうと思ってはいけない」ですから……。

「社員を育てること」と「社員を動かそうと思わないこと」。この両者は、矛盾したように聞こえるかもしれません。読者のみなさんは、きっとこう感じているでしょう。「動かすことなく、どうやって社員を育て、その力を活用するのか」と。

しかし私の経験上、この両者は決して矛盾しません。むしろ、社員に自発的に動いてもらおうと思ったら、社長はまず何よりも「社員を動かそうと思わないこと」から始めなければならないのです。

世の社長たちは、たいてい次のように考えています。

「社長である自分が働きかければ、社員たちは思いどおりに動くはずだ」

それゆえ、指図をしたり、手本を見せたり、叱咤したり、焚きつけたりして、何とか社員を動かそうと努力をします。で、その結果はどうか。ほとんどの場合、社員たちは思いどおりには動かず、社長は苛立ち、「なんで、言ったとおりにできないんだ！」と怒りをぶちまけ、ダメ出しや非難を始めます。

「なぜ、社員たちはこちらの思いどおりに動いてくれないのか？」

社長たちの中には、常にこんな疑問が渦巻いているはずです。

しかし、考えても無駄です。なぜなら、「社員はそもそも、社長の思いどおりには動かない」からです。まず何よりもこの現実をしっかりと認識しなければなりません。どれだけ社長が動かそうと思っても、社員は「動かない」ものなのです。

そもそも、自発的に動く社員であれば、社長が指示をしたり、ダメ出しをする前に、自ら考えて何らかのアクションを起こしているはずです。さらに言えば、あなたの会社に入ったりはせず、自分で事業を起こしているのではないでしょうか。「指示を与えて、何とか社員を動かさなければ」などと社長のあなたが考えている時点で、その社員は「動かない」のです。

中には、社長が「あれやれ、これやれ」と指示をすることで、思いどおりに動いてくれる社員もいるでしょう。しかし、それは「自発的に動いている」というよりも、動かないと「社長に怒られるから」「クビにされるから」「給料が減らされるから」などの理由でやっているだけです。そうした外発的な動機づけによる行動には往往にして継続性がなく、上からの指示がなくなれば途端に動かなくなります。そうした「指示待ち社員」を動かしつづけるには、社長は指示を出し続けなければなりません。結果として、動きすぎてしまうわけです。

社員たちが思いどおりに動かず、事業がうまく回らなかったり、業績が伸び悩んでいても、社長は「自分が社員を動かそう」とは思わないでください。そもそも動かない社員たちを、何とかして動かそうとするから、社長は空回りをしてしまうのです。

社員は、社長の思いどおりには動かない。この認識を持つことが、会社再生の出発点になります。

社長が見ているもの、社員が見ているもの

社員たちは、なぜ動かないのか？

ここで大事なのは、社員たちが動かないからといって、彼らは決して手を抜いたり、サボったりしているわけではない、ということです。能力がないわけでもありません。

社員が動かない理由。それは「社長」と「社員」では、立場や目線が違うし、会社や事業に対する責任感や緊迫感も違うからです。持っている情報量も違う。背負っているものも違う。要するに、同じ状況を目の前にしても、見えている景色がまったく異なっているのです。

たとえば、今月中に絶対に達成しなければならない営業ノルマがあったとします。会社の経営状況を把握している社長にしてみれば、そのノルマは「もし達成できなければ、会社が傾くかもしれない」くらいの切迫感があります。しかし、会社全体の状況がまったく見えておらず、自分の目先の仕事のことしか考えていない社員にしてみれば、「もし今月

ダメでも、来月がんばればいいだろう」くらいの気持ちしかありません。そんな危機感の温度差を考慮することなく、社長が一方的に「社員たちも自分と同じ気持ちのはずだ」「指示を出せば、きっとがんばってくれるはずだ」と思い込んで檄を飛ばしても、社長の思いどおりに動いてくれるはずがありません。

また、一般にベンチャー企業は、創業者の「絶対にこの事業を成功させたい」「この事業を成し遂げることが、社会のためになるはずだ」などの強い思いが土台となって起業されます。創業者＝社長は「なぜ、この事業をやっているのか」というビジョンが明確です。しかし、その会社で働いている人たちは、もちろんビジョンに共鳴して、ともに実現させたいと思ってはいるでしょうが、あくまでも支援者的なポジションです。「自分がやるぞ！」と思って起業した社長と、それを支援したいと思っている社員では、やはり心の持ちようというか、事業への思い入れは明らかに違います。すこしキザな言い方をすれば、その会社にいて、その仕事をしている「存在理由（レゾンデートル）」が根本的に異なるのです。

給料に対する意識も、社長と社員では大きく異なります。社員にとって給料は「会社から払ってもらうもの」です。毎月一定金額の給料をもらえることを当たり前だと思っているし、もし何の断りもなく減額されようものなら、きっと文句を言うでしょう。かたや社長にしてみれば、給料は「自分（もしくは自分たち）で稼ぐもの」です。仕事をつくったり、受注したりして、社員たちに働いてもらって、初めて給料のもととなる収益が生まれる。もし収益が上がらなければ、社員に給料を払うために借金をしなければならないというマインドセットは、経営者でなければ決してわからないものです。

社長と社員の見ているもの、考えていることの違いを把握して割り切っていかないと、「どうして動かないんだ」と不満が募るばかりです。しまいには腹を立て、ダメ出しをして、「あいつはヤル気がない、使えない」などと人格を否定するような発言をしかねません。そうなると社員はおそるおそる社長に接するようになり、両者の溝は広がっていきます。

「こちら（社長側）の考えは、わざわざ言わなくてもわかるだろう」ではダメです。いくら同じ会社にいるといっても、立場も責任感も情報量も何もかもが違う社員は、基本的に社長であるあなたの思いや考えはわかっていません。ゆえに、あなたの思いどおりに動かないのも当然のことなのです。

社長の仕事は、「動きたくなる」環境づくり

社員はそもそも動かない。そして、その動かない社員を、社長は「動かそう」と思ってはいけない。しかし言わずもがなですが、社員が動かないまま放置していれば、仕事は回っていきません。業績を上げることができず、会社は倒産してしまいます。動きすぎる社長は会社を潰しますが、まったく動かない社長も会社を潰します。

では、動かない社員たちに対して、社長は「動かそう」とすることなく、どのように振る舞えばいいのか。

やるべきことは、ただひとつ。それは、社員が「動きたくなる」環境を整えることです。社長は、社員個々に働きかけるのではなく、社員が働いている会社の環境に働きかけるべきなのです。

先述したように、人は他人から「やれ」と言われた場合、仮にその指示どおりにやったとしても、その行動には継続性がありません。しかし特定の行動をやりたくなる環境、も

しくはやらざるを得ない環境があれば、人はその環境にいる限り、その行動を継続します。

世の社長たちは、「自分の仕事は、社員に指示を出すこと（＝動かすこと）だ」と考えがちです。しかし、社長が本当にやらなければならないのは、社員個々人に対して「あれやれ、これやれ」と指示を出すことではありません。そうではなくて、社員たちが心から「仕事がしたい」と思えるような環境づくりこそ、社長が自分の時間とエネルギーをもっとも注ぐべき重要な仕事です。

動きたくなる環境があれば、社員たちは社長の指示がなくても勝手に動いてくれます。動けば動いた分だけ、社員たちは経験を積むことができ、成長もできます。その成長が、会社の成長となり、財産となるのです。

動きたくなる環境づくりとは、別の言葉で言えば、「いかに動機づけをするか」ということになります。

社員に仕事がしたい、働きたいと思ってもらえるような動機づけの方法として、真っ先に思いつくのが「賃金の増額」ではないでしょうか。高い給料がもらえれば、どんな社員だって当然ヤル気を出します。がんばった分だけ昇給するならば、誰に指図されることなく、より多くの仕事をこなそうと努力するでしょう。「給料を上げること」が動きたくなる環境づくりのひとつの方法であることは間違いありません。
ただし、ひとつ問題もあります。それは目の前に給料をぶら下げることで動く社員は、ほかの会社からさらに多額の給料をぶら下げられたら、易々とそっちに行ってしまうことです。せっかく仕事に対して意欲的になり、経験を積んで、稼ぐ社員に育ったとしても、会社を辞められてしまっては元も子もありません。

私がお奨めしたい動機づけの方法としては、ひとつには「権限の委譲」があります。
「プロローグ」の中で「動きすぎる社長ほど、自社の社員を信頼せず、仕事を任せない」というお話をしましたが、その逆をやるのです。つまり、社員のことを徹底的に信頼して、仕事を任せることはもちろん、その仕事に関するあらゆる権限――たとえば、「どんな戦略を立てるか」「取引先をどうするか」「どのようなチームを組むか」などの決定権――を社員に渡してしまうのです。

権限の委譲をしたからには、社長はその社員の行動に対して、よほどのことがない限り、口を挟まずに見守ってやらなければいけません。そうすれば、その社員は、任せられた仕事を「自分の仕事」だととらえるようになります。「自分が動かなければ、この事業は回らない」という責任感も芽生えて、成果を出すために最善を尽くすでしょうし、中途半端に投げ出すこともなく、最後までやり遂げるために努力もするようになります。「会社の仕事」や「社長（他人）の仕事」ではなく、「自分の仕事」だと思ってもらうことが肝心なのです。

また、報酬や権限委譲など仕事に直接的に関わることだけが、社員の働く動機につながる環境ではありません。社内の意外なもの、社長の何気ない振る舞いなどが、社長自身はそうとは気づいていなくても、社員のヤル気に深く関係している場合もあります。

『ルーズヴェルト・ゲーム』というテレビドラマがありました。原作を書かれたのは池井戸潤さんという小説家で、企業エンターテインメント小説として絶大な人気を誇る「半沢直樹シリーズ」の著者としても有名な方です。このドラマの中で、まさにいまお話ししたようなエピソードが描かれていました。

同作に登場する青島製作所という会社は存亡の危機に直面しており、銀行に追加融資を求めるも、経営状況の改善を要求されます。そのひとつとして指摘を受けたのが、野球部の存在です。会社は野球部を運営するために年間数億円の経費を使っていました。何ごとも合理性を重視する現社長は、野球部の廃部を検討します。しかし、会社のお荷物と言っていい野球部が、実は社員たちのヤル気を上げるために非常に重要な役割を担っていたのです。その事実を創業者である会長はわかっており、はじめは廃部に傾いていた社長も徐々に野球部の重要性に気づいていく……と、簡単に言えば、こんなストーリーです。

このドラマはフィクションです。けれど、会社のスポーツ活動という仕事とは直接関係ないものが、実は社員が働く環境づくりにおいて鍵になっているという設定は、極めて示唆的だなと思いながら観ていました。

このように社員が「動きたくなる」環境は、実にさまざまなケースがあります。しかも、ある人にとっては効く環境でも、別の人にとっては効かないこともあります。「法則2」以降では、私のこれまでの経験を踏まえながら、できるだけ汎用性の高い環境づくりの方法をお伝えできればと思っています。

「よかれ」と思ってが、「いい迷惑」になることも

ここまでの私の話を聞いて、「よし、早速うちの会社でも、社員が動きたくなる環境づくりに取り組もう」と考えていただけるのなら、著者としてそれに勝る喜びはありません。

しかし、いざ実際の会社運営の中でやろうと思ったら、なかなか一筋縄ではいきません。たとえば、社長としては社員のために「よかれ」と思ってしたことが、当の本人たちにしてみたら「いい迷惑」になってしまうケースがよくあります。

私がかつて関わった会社では、社長は「よかれ」と思って店舗の視察をよく行なっていました。店舗はいつ行っても、自分が指示したとおりのレイアウトやマニュアルで運営されており、社長は毎回「私が視察をしているおかげで、店舗運営がスムーズにいっている」と満足して本社へと帰っていきました。

しかし、私がその会社に関わるようになってよくよく調べてみると、とんでもない事実が発覚しました。店舗の従業員たちは、社長が視察に来ることがわかったら、レイアウトなどを社長の指示どおりに変えて、社長が帰るとまた元に戻すという不毛なことをやっていたのです。従業員たちの話を聞いたところ、社長は現場のことが何もわかっておらず、その指示もまったく的外れなものばかりだったと言います。彼らははっきりと「社長が来るのは迷惑」と言い放ちました。とはいえ、社長の指示を無視したり、意見することもできず、そのため社長が店舗に来るときだけは全員で示し合わせて表向きを取り繕っていたのです。

現場のことは現場の社員がいちばんよくわかっているのに、社長が「よかれ」と思って現場に下りていき、自信満々にあれやこれやと的外れの指示を出し、かえって現場を混乱させるということは、中小企業でよく見る風景だと言えます。特に、オーナー企業の二代目、三代目社長がやりがちです。

社員のための環境づくりが失敗するときは、たいてい社長は表面的には「社員のために」と言いながらも、実際には「自己満足のため」「自分が気持ちいいから」やっている場合がほとんどです。本気で社員のことを考えてやっているわけではない。これも、社員のためにならない社長の「動きすぎ」だと言えます。

「いい迷惑」にならないためには、社長は徹底して「社員のために自分は何ができるか」を検証する必要があります。

社員のための環境づくりがうまくいった事例として、自分ごとで恐縮ですが、私がキャドセンターの再建に関わったときのことをお話ししましょう。

キャドセンターは、三次元ＣＧ、インタラクティブコンテンツ、ＡＲ開発、アプリ開発を主要業務とする会社です。私はそこの経営再建を任されたわけですが、ＣＧやアプリ開発については何の知識も技術もなく、完全な門外漢でした。つまり、現場の技術者たちに対して専門的なアドバイスや提案は一切できないわけです。そこで「この会社や現場の技術者たちのために、自分は何ができるのか」を懸命に考えました。

最初に行なったのは、主要メンバーを集めた二泊三日の合宿でした。合宿の場で、これまで公の場では口にすることができなかった創業者への不満を洗いざらい聞き、その後、自分たちの会社を潰さないためにはどうすればいいか、些細なことから具体的な事業提言まで、ありとあらゆることを付箋に書き出してもらいました。ホワイトボード五面がいっぱいになるくらい出ました。

彼らは、意見を言ったあとは新社長になる私から指示があると思っていたようですが、それはあえてしませんでした。むしろ、彼らに事業の選択と集中、経費削減案を考えてもらいました。彼らも最初は戸惑っていたようですが、創業者への不満、日ごろ考えていたことなど腹の内を全部吐き出したあとで、しかも自分たちががんばらないと会社がもたないことを認識し、各自がリーダーシップを発揮し、事業計画にまとめはじめました。私はまとめ方についてのナビゲーションこそしましたが、具体的な内容については一切意見しませんでした。私は、彼らが自主的に再建を進めていくサポート役に徹しました。

もしあのとき、自分が直接現場に手を下し、あれやこれやと指示を出していたら、たぶん社員たちは「何も知らないくせに」と反発して、動いてくれなかったと思います。現場を知っている優秀な社員に権限を委譲して、現場を一切任せたことで、ほかの社員たちも

「彼らの言うことだったら、自分たちもがんばろう」とヤル気を出してくれたのだと思います。

社員の「できる・できない」は、すべて社長の責任

社員を信頼して、すべてを任せることは、社長にとってすごく勇気のいることだと思います。

私はこれまで数多くの経営者の方と仕事をしてきましたが、「経営者には意外と小心者が多い」と感じています。自分で業務のすべてを抱え込み、部下には指示を出すだけ、という動きすぎる社長になってしまうのも、原因のひとつが小心ゆえです。自分がすべてのことに関知していないと心配でしょうがないから、まるごと抱え込んでしまうわけです。

ある会社では、社長の肝煎りで社員の行動管理を徹底する方針が打ち出され、スマートフォンのGPS機能を使って社員の現在地確認までされるようになったそうです。行動の逐一まで管理するということは、社長はよほど社員のことを信頼しておらず、「自分が監

視をしなければ」と考えている証拠にほかなりません。そんな会社では、社員は自発的に動こうとはとうてい思えないでしょう。

権限の委譲は、「業務のすべてに関与したい」という欲求を乗り越えてこそ、できるものです。それは心配性の社長にとっては簡単なことではありませんが、社員を育てるには避けては通れない道なのです。

また、仕事ができない社員に対しては、「なぜ、お前はできないんだ?」と当人の責任を追及したり、「努力が足りないからだ」「勉強が足りないからだ」「もっと努力をしろ」とダメ出しをしがちですが、そんなことをしてもその社員はできるようにはなりません。社員ができないのは、動きたくなる(仕事ができるようになる)環境をつくることができなかった社長の責任です。にもかかわらず、社員だけを責めるのは、自身の仕事放棄、責任転嫁以外の何物でもありません。

理想的な経営者のあり方として、いまでも手本にしているのが、私がマーサー・ヒューマン・リソース・コンサルティング(現・マーサージャパン)の一社員だったときのカナダ人の上司です。あるとき、私は関わっていた事業をうまく進めることができず、目標を達成できなかったことを上司に報告しなければなりませんでした。そのときの私の心は不安でドキドキでした。なぜなら、目標を達成できなかったことで、当然、上司から怒られるだろうし、「なぜ、できなかったんだ？」と責任を追及されると思っていたからです。

ところが、その上司の反応は意外なものでした。私のおどおどした報告を聞き終えると、彼は次のように尋ねてきたのです。

「君のパフォーマンスを上げるために、私にできることを教えてほしい。何をすれば、君を助けることができるだろうか？」

まさに目からウロコ。びっくりしました。

怒鳴ったり、ダメ出しをすることで、社員のパフォーマンスが改善するのであれば、いくらでもそうすればいいと思います。しかし現実には、怒鳴りつけたり、厳しくダメ出しをしても、社員は萎縮するだけで、パフォーマンスの向上にはつながりません。重要なことは、社員のパフォーマンスを向上させて、事業の目標を達成することです。だとしたら、怒ったり、ダメ出しするよりも、どうすれば改善するか一緒になって考える方が建設的です。

その上司は、こんなことも言ってくれました。

「あなたはできる人間だ。もし、どうやってもできないのであれば、そんなあなたをチームに採用した私の責任である」

「とはいえ、あなたができる人間であることには、私は自信を持っている。だとしたら、パフォーマンスが上がらないのは何か原因があるはず」

「あなたの仕事の成果については、採用者である私にも責任がある。現状のパフォーマンスが上がっていないのは、あなたの問題でもあるが、私の問題でもある。だから、一緒に改善策を考えよう」

私が事業の状況について説明をすると、上司は「こんなことができるんじゃないか」「ここを改善すれば、もっとよくなるんじゃないか」とさまざまな提案を投げかけてくれました。すごく前向きなディスカッションができて、最終的にはその事業を好転させることもできました。

会社は、社長の器以上にはならない――これは昔から言われてきた言葉ですが、私自身、数多くの企業を見てきた経験から、まさにそのとおりだと実感しています。

社長の都合で「動かそう」と思うのではなく、社員を信頼し、仕事を任せることができるか。さらに、任せた仕事で思うような結果が得られなかったとき、担当した社員を責めるのではなく、自分の責任として社員をサポートすることができるか。社長がそこまでやってこそ、社員は自発的に動き、育ってくれます。社員の「できる・できない」は、すべて社長の責任なのです。

このことは、口で言うのは簡単ですが、いざ具体的な行動に移すのは相当に大変です。とりあえず仕事を任せたものの、うまくいかない。社長としては、部下に任せたことが間違っていたのかと焦ったり、苛立ったり、不安に駆られたり、心中穏やかではないはずです。叱責や口出しもしたくなるでしょう。しかし、そうしたネガティブな言動をグッと飲み込んで、その社員を支援することに全力を尽くす。それでもうまくいかない。「やっぱり、この社員はダメなのか」と思うかもしれませんが、「ほかの解決策はないか」「もしかしたら、その仕事に向いてないだけなのかもしれないから、ほかの仕事をやらせてみよう」とほかの手段でさらにフォローする。まさに社長にとってもチャレンジの連続になります。

読者の中には「社長はそんなことまで面倒を見なければならないのか」と思う方もいるでしょう。しかし、「動きたくなる環境をつくる」とは、そういうことなのです。

それを自分の責任だと認識して徹底してやることが、中堅、中小企業の社長の最大の仕事だと私は思います。そうしなければ社員は育たないし、会社も決して伸びません。

法則
2

「社員のために」が ヤル気を生む

守るべきは「社員の自尊心」

課題を抱えた企業の再生や成長には、社員を「動かそう」とするのではなく、社員が「動きたくなる」環境整備が不可欠であることは、「法則1」で話したとおりです。

社長は「I work for you」、つまり、社員のために働くべきなのです。

では、具体的にどんなアクションを起こせば、社員のためになるのか。「法則2」では、この「社員のため」を掘り下げていきます。

社長がまず何よりも社員のためにしなければならないのが、「社員を守ること」です。

守るべきは、社員の毎月の給与であり、雇用であり、成長であり、家庭であり、将来です。どれも社員の人生にとっては重要なものであり、何があっても社長が守ってくれる環境があれば、社員は安心して働くことができます。逆に、これらが保証されていないと、仕事へのモチベーションは著しく下がります。

ただ、これらと同等、いやそれ以上に社長が守らなければならないものがあります。それは、社員の自尊心です。メンツ、体面と言ってもいいかもしれません。

社長は、社員の自尊心を傷つけるような言動は決してしてはいけないし、もし社員の自尊心が損なわれそうなことが会社内で起きていたら、真っ先にフォローしなければなりません。

会社経営をしていれば、当然いいときもあれば、悪いときもあります。悪いときには、本来守らなければならない社員の給与や雇用をやむなくカットしなければならない状況も起こり得ます。そのとき、少なくとも社員の自尊心だけは守ってあげることができるか。

私自身、マーサーのときもキャドセンターのときも、いまのIndigo Blueでも、さまざまな理由から特定の社員に対して退職勧奨したことがあります。そうしたとき、私がもっとも心を砕いたのは、やはり「その人の自尊心をいかに傷つけないか」でした。

ひとつの例として、マーサーのときのことをお話ししましょう。

マーサーのある部門に入社して一か月ぐらいの社員Aさんが、あるとき、上司の判断で解雇されることになりました。しかしAさんは、解雇は不当だとして会社を訴える姿勢を見せたのです。

マーサーでは基本的に各部門のことはその部門の長に任せていたので、社長だった私は当初は解雇理由など詳しいことは把握していませんでした。ただ、人事からAさんのことを聞き、「これはマズい」と考えて、すぐにAさんと面談することにしたのです。部門長からは「これは部門の話だから、社長は出てきてくれるな」と言われたし、人事からも「社長が出ていくとなると、事が大きくなるから、やめてほしい」と言われましたが、私としては「ちゃんと双方の話を聞いて客観的に判断しなければ」と思ったのです。

後日、Aさんと面談をすると、事の発端は上司とAさんとの相性の問題であることがわかりました。たとえば、上司としては、入ったばかりのAさんに確実に仕事をしてもらうため、休日にもときどき連絡を入れて指示を出していたそうです。一方、Aさんとしては、勤務日内で自分の仕事をきっちりこなしている自負はありました。にもかかわらず、家族と過ごしている週末に上司から電話が入って、「あれはどうなっている?」「今日中に仕上げた方がいいんじゃないか」と指示されて、「休日も電話をかけてきて働かせるなんて、どういうつもりなんだ?」と疑問に感じたそうです。上司には上司の正論が、Aさんには Aさんの正論があり、それが相容れなかったのです。そして、こうした行き違いが度重なるうちに互いに罵り合うような関係にまで悪化してしまい、最終的には「お前はクビだ」となってしまったわけです。

能力不足で与えられた仕事ができないわけではない。トラブルを起こしたわけでもない。となれば、Aさんを解雇する理由はありません。しかし、仮に異動などの対応をしてAさんに残ってもらったとしても、「上司とうまくいかなかった人」というレッテルが貼られて色眼鏡で見られることになってしまうし、喧嘩した上司と社内で顔を合わせたりして嫌な思いをするかもしれません。私は「会社に残ることは、かえって彼の自尊心を損なうことになるかもしれない」と考えて、私の推薦で別の会社に転職することを提案しました。Aさんも、家族と相談のうえ、提案を受け入れてくれました。

結果として、会社が訴えられることはありませんでしたし、マーサーを辞めたAさんとは現在に至るまで良好な関係が続いています。

自尊心とは、自分自身を大切に思う気持ちです。社長が「社員の自尊心を守ろう」と動くことで、社員は「自分はこの会社で大切にされている」と感じることができます。そうした関係を築けてこそ、互いに信頼し合うことができるし、社員に「この会社で仕事をがんばろう」と思ってもらえるのです。

退路を断つ覚悟が、社員が動く「熱」になる

社員を守るということは、別の言葉で表現をすれば、「何かあったときに自分（社長）が責任を取ること」でもあります。

社内外で何か問題が起こったとき、社員に責任を押し付けて自分は安穏としているのではなく、むしろもっとも嫌な局面に自ら出向いていく。その姿勢をちゃんと見せることが必要だと思います。これこそ「退路を断つ覚悟」です。

その逆のことは、さまざまな企業の経営再建に携わる中で何度も見てきました。

オーナー企業であるメーカーのA社は、自社製品に関するある事故を起こして、顧客との間に大きなトラブルを抱えていました。顧客との面会する場も設定されましたが、いい展開になることはまったく想定できない状況でした。そのため、社長を含めたオーナー一族はみな姿を隠し、矢面に立たされたのは長らく番頭役をやってきた役員。彼が事故の全責任を負わされることになったのです。

責任逃れをすることで、社長は自らのポジションを守ることができたかもしれません。しかし当然ですが、社員の不信感は高まります。次にまた何か問題が発生したら、今度は自分が責任を取らされる役回りになるかもしれない。そう考えたら、誰だってその会社では働きたいとは思わないでしょう。

ここぞというときには、社長自らが身体を張って前に出る。そうした態度が「社員のため」になるのです。

社長がすべての責任を負って退路を断つことは、社員が安心して働ける環境をつくるだけではなく、事業を推進する熱にもなります。

たとえば、新しい事業に投資をするとき、「ポートフォリオを考えながら、リスク分散をしてやっていこう」というのは確かに堅実な方法ですが、常に保険がかかっているので、社員の中に「失敗しても大丈夫だろう」という認識も生んでしまいます。そうではなく、「新しい事業にウン百億円を投資する」「責任は自分がすべて取る」と自分の覚悟を明言したうえで「だから、みんなでこの事業を成功させよう」と伝えれば、社員たちも「社長はそれほどこの事業に賭けているんだ」と感じてくれて、一緒に成功させようという機運を盛り上げることができます。

この点について、私がもっとも尊敬してやまないのは、カルチュア・コンビニエンス・クラブの増田宗昭社長です。増田社長は、新しい事業を始めるとき、自分の全財産を賭ける勢いで投資をします。「一億、二億の借金だと返さなければならない。しかし、数百億の借金は返せないから、いいんだ」と彼は言っていました。実際、数百億円の借金をして事業がうまくいかなければ、会社は確実に倒産します。でも、だからといって保険をかけて、「数億円ぐらいなら、いざというときも何とかなるかも……」という話にしない。その覚悟は、そばで見ていて、すごいなと感じました。

増田社長のような「退路を断つ覚悟」は、なかなか真似できるものではありません。私自身、増田社長の覚悟に比べて、まだまだ修業が足りないと感じることが多いですから。

ただ、いつでも自分なりの覚悟はちゃんと示すようにしています。雇われ経営者の時代には、毎回「自分は長くても三年しかやらない」と宣言していました。それはつまり「自分はずっとこの会社にいて、ぶら下がるつもりはない」「三年で絶対に成果を出すぞ」という覚悟の表明です。私がそう宣言をすることで、社員の中にも「三年」という期間がセットされたと思っています。

人はつい自分自身を守ること、「自分の保身」を考えてしまいます。そのため「退路を断つ」と言いながらも、頭のどこかではいざというときの身の処し方を考えてしまいがちです。しかし、自分の保身を考えると、必ず言動の端々にそうした雰囲気が出てしまい、社員もそれを感じて不信感を抱きます。ゆえに退路を断つときは、本当に退路を断った方がいいでしょう。

また、社員の中には、社長の覚悟を受け入れる準備のない人も少なからずいます。そうした社員に対して退路を断つ覚悟を表明しても、パフォーマンスだととられる可能性もあります。そのため、場合によっては、覚悟の表明は全社員に向かって公にやる必要はなく、自分の周りにいる経営チームにだけその姿勢を見せればいいこともあります。

悪い情報こそ社員に伝える

会社経営をする中で、こちらがどう動けば「社員のため」になるのか、判断が難しい場面が数多くあります。

そのひとつが「悪い情報」の処理の仕方です。

悪い情報とは、ひとつには会社の存続に関わることがあります。社員の雇用や給与に関するネガティブな情報も悪い情報に当たります。

社員を不安がらせないために、悪い情報はあえて伝えないという人もいるでしょう。しかし、本当に社員のためを思うならば、悪い情報こそ社員に伝えなければならないと私は考えます。

会社の存続に関わるような重大事件が発生しているにもかかわらず、「社員には余計な心配はさせたくない」「自分だけで何とか解決しよう」と悪い情報を社員に隠すことは、表向きは責任感のある美しいことのように見えます。しかし実際には、その問題を社長一人で抱え込み、かといって一人では解決できないので、やがて幹部の何人かと共有するようになります。すると次第に、社内に「会社がマズいことになっている」という雰囲気が蔓延しはじめます。結果、何も知らされてない社員は「なぜ、社長は何も言わないのか？」「会社はどうしようもない状態になっているのではないか？」と疑心暗鬼になってしまいます。

経験上、疑心暗鬼になられるのが、もっとも危険です。なぜなら、社員が社長のことを信用しなくなり、仮に会社の経営が立ち直ったとしても、「社長は嘘をついているのではないか」「ほかにも悪い情報を隠しているのではないか」「いまでも会社の経営は傾いたままではないか」と疑いのスパイラルに陥ってしまうからです。

また、悪い状況が解決せず、あるときすべてのことが一気に明るみになった場合、いちばん困るのは何も知らされていない社員たちです。そうなる前に、悪い情報も包み隠さず、わかりやすく伝えた方がよっぽど社員のためになります。

悪い情報を伝えることとの具体例として、キャドセンター時代の経験をお話ししましょう。

私が入って真っ先にやったのが「悪い情報」を公にすることでした。

キャドセンターの前経営者は、経営が傾いているにもかかわらず、社員たちに対してはずっと「会社はうまくいっている」と偽りつづけていました。しかし、あるとき一気に状況が悪化して、経営は破綻。社員たちは寝耳に水で驚いてしまったのです。

私はまず「会社はいまこういう状態で……」とすべてを包み隠さず、社員たちに伝えました。そのうえで「キャドセンターという船にもう乗れないという人、ほかの会社でやり直したいという人は、どうぞ船を下りてください。下りたことに対して、非難したり、謗《そし》ったりすることはないから」と話しました。そのとき、何人かは実際に辞めていきました。しかし、辞めていった彼らとはその後も関係が続きましたし、残った社員たちは腹をくってその後懸命に働いてくれました。

このキャドセンターのときのことを振り返っても、やはり「悪い情報」は社員にちゃんと伝えるべきだと思います。

ただ、悪い情報が社員を不安にさせることも事実なので、「どのように伝えるか」はいつも気を遣っています。

「会社がなくなるかもしれない……」と不安たっぷりに言ったり、「お前たちが働かなければ、会社はなくなるぞ（だから、必死に働け！）」と脅すような言い方をすると、会社は間違いなく荒廃していきます。そうなれば、再建どころではありません。また、いざとなったら自分が真っ先に逃げる準備をしながら、「いま、会社の経営は大変だけど、みんなでがんばろう」と言っても何の説得力もありません。

前項の「退路を断つ覚悟」ともつながりますが、まずは「いま、会社は大変な状態にあるけれど、自分は最後まで残ってすべてを引き受けるつもりだ」という姿勢をきちんと見せることが大切です。そのうえで、悪い状況を改善するために、「自分はこんな考えを持ち、すでにこんなことに取り組んでいる」と具体的な対応策を明らかにする。悪い情報に接して、社長自身も先行きが不安だと思います。しかし、その不安を決して表に出してはいけません。「会社は必ずよくなる」「そのために自分は最善を尽くす」という前向きな姿を、何が何でも演じ切るのです。

キャドセンターのときも、経営再建に乗り出したものの、次から次へと問題が発生し、正直何度も「これは民事再生手続きをするしかないか……」と追い込まれ、心の中は常に不安でいっぱいでした。しかし、社員の前では不安は絶対に出さないと決めていました。

加えて、自分が毎日どんなことに取り組んでいるかを伝えるため、私は社員全員に対して日報を出すことにしました。社員に日報を出させることはよくありますが、社長が社員に対して日報を出すのは前代未聞のことで、社員たちはすごく驚いていました。しかも、その日報メールの送信には自分のメルマガのエンジンを使っていたため、「○○さんへ」という宛名が自動的に入る仕組みだったのです。社員としては、社長から日報が送られてくるだけでも驚きなのに、しかも宛名入りで来るものだから、「これは自分宛てに書いてくれたものだ」と勘違いをして、返信メールをくれる人が何人もいました。社員からのメールにはもちろん返事を返しました。

悪い情報は、社員に伝えることも、またその伝え方も極めて難しいのは確かです。しかし、うまく伝えることができれば、その悪い状況を改善するための手立てに必ずつながっていくはずです。

会議を社長の「独演会」にしてはいけない

会議は、会社において重要な場です。しかし、たいていの会社の場合、まったく「社員のための場」になっておらず、どちらかと言えば「社長のための場」になってしまっています。終始社長がしゃべりっぱなしで、社員が発するのは報告と返事ぐらい。会議が「社長の独演会」化している会社が多いのではないでしょうか。

社長は、会議を「社員のための場」とするために、その場にいる全員に参加してもらえる環境づくりをしなければなりません。会議は、放っておくと「空中戦」になりがちです。空中戦とは、各々が言いたいことを言うだけの、まるで戦闘機がむやみやたらに撃ち合っているような状態になることを指します。会議が空中戦になると、声が大きい人や口が達者な人ばかり（その最たる存在が社長です）が発言するようになり、遠慮がちな人、議論が得意ではない人、少数意見の人はほとんど発言ができなくなります。

空中戦を避けて、できるだけ多くの社員の意見を取り入れられる会議にするには、いくつかのテクニックがあります。私がよくやるのはＫＪ法（収集した多量の情報を効率よく整理する手法で、考案者である文化人類学者の川喜田二郎氏の頭文字から命名）の応用で、付箋に各自の意見を書いてもらって、それを整理・集約していく方法です。この方法を採ることで、誰でも少なくとも一枚は意見を書くことができるし、自分が書いた付箋をボードに貼っていく作業を通じて、社員の一人ひとりが会議に参加している実感を得ることもできます。

付箋に書かれた意見を整理・集約していくと、多くの人が挙げているメジャーな意見と、数人もしくは一人しか挙げていないマイノリティの意見があることに気がつきます。

さて、ここが次のポイントです。いくつかの意見が出そろったとき、あなたは多数派、少数派、どちらの意見に注目しますか?……きっとほとんどの方が「多数派の意見」に注目するのではないでしょうか。確かに、より多くの社員が挙げている意見を取り入れたり、課題を解決した方が、多数の満足にもつながり、社員のための会議になっているような印象があります。

しかし、私の考えは逆です。本当に社員のための会議にするには、マイノリティファーストが大原則だと思います。

たとえば、「会社で改善すべきこと」を議題にしたとします。みんなが「時間管理」について改善すべきだと言っている中、一人だけ「出張旅費の精算の仕方」を挙げてきたら、私はまずそこから取り組むことにします。さらに「この意見を出したのは誰？」「どうしてそう思ったの？」と聞き出し、「みんなが気づかないことを指摘したのはすごい」と徹底的に褒めます。なぜなら、マイノリティの意見の中にこそ、みんなが見落としているような目からウロコの意見が往往にしてあるからです。

カルチュア・コンビニエンス・クラブ時代、ＴＳＵＴＡＹＡの店舗ミーティングに参加したときにはこんなことがありました。

店舗の会議では通常、意見を言うのはエリアマネージャーや店長ばかりで、アルバイトスタッフは「自分はアルバイトだから」という気持ちがあるためか、どれだけ現場経験が長い人でもほとんど発言をしません。ところが、付箋に書かせる方法にしたところ、さまざまな意見を書いてくれるようになりました。その中にはマネジメントの視点からは絶対に見えてこない、現場の人間ならではの意見がたくさんありました。

個人的にもっとも印象に残っているのが、「お客様はタイトルではなく、時間を見ている」という意見です。そのときの会議では、落ち込んだレンタルの売上げをいかに回復させるかがテーマでした。そのアルバイトスタッフが言うには、お客様はパッケージを手に取ったあと、タイトルと同時に時間を確認して、二時間以上の作品は棚に戻すことが多い、とのことでした。調べてみると、当時もっとも回転率がよかったのは五〇分完結のアメリカのドラマで、逆に二時間以上の長編映画はほとんど借りられていませんでした。私自身もいくつかの店舗に視察に出かけて、お客様に声をかけてみても、やはり時間を確認して、借りる・借りないを決めている人が大勢いました。

私は「よし」と思って、各店舗に「六〇分作品のコーナー」「九〇分作品のコーナー」など時間区切りのコーナーをつくってもらいました。しかも、そのコーナーには、普段はほとんどレンタルされない往年の名作系の映画も並べました。結果は見事的中。六〇分や九〇分の名作映画がすごく回るようになったのです。

その後、そのアルバイトスタッフは、自分の意見が採用されて、しかもそれが大きな成果につながったことで自信を得たのでしょう。仕事への姿勢にも明らかに積極性が出てきて、空中戦の会議でもちゃんと自分の意見を言えるようにもなりました。

会議のあり方を変えることで、社員の仕事への取り組み方が変わることは、ほかの会社でもよく見られた光景です。社長の独演会のような会議では、社員は育ちません。しかし、社員の声、特にマイノリティの意見を取り上げて、スポットライトを当ててあげることで、その社員は一歩前に踏み出せるようになります。

「そんなのは甘えだ」と言う人もいるかもしれません。会議が空中戦だろうが何だろうが、四の五の言わずに前に出て、自分の意見を主張すればいいんだ、と。確かにそのとおりかもしれません。とはいえ、スポットライトを当ててあげることで、「できる社員」が一人でも二人でも増えるならば、その方がいいと私は思います。

モチベーションに水を差してはいけない

モチベーションは自律的なものなので、周りの人がどうこう言っても、本人がその気にならなければ劇的に高まることはありません。

ただし、その逆は頻繁に起こります。社長の何気ない言葉や行動が、社員のモチベーションに水を差してヤル気を損なわせる場面を、私はこれまで幾度となく見てきました。

社長がやりがちな「モチベーションへの水差し」には、長期的にじわじわ起こる場合と、短期的に起こる場合の二通りがあります。

長期的な水差しは、同じ仕事をずっと長くやらせることです。

人がある仕事に就いたとき、三年続けると仕事の全体像がだいたい見えてきて、五年続けるとベテランの域に達して、七年続けるとほかに代わる人がいない状況になります。そうなると、「その仕事がしたい」「もっと成長したい」というモチベーションとはまったく違った次元でその仕事をするようになります。また、知らず知らずのうちにその決まった仕事を通じてしか会社や社会と関われなくなってしまい、あるとき、ふとその仕事に疲れて自分を見つめ直したとき、ほかのことがまったくできなくなっている自分に気づき、愕然としてしまう。そんな社員の方を何十人と見てきました。

特に中小企業のような小さな組織だと、社長は自分の仕事をサポートさせる目的で社員に仕事を与えるので、つい同じ人に同じ仕事をやらせ続ける状況に陥りがちです。しかし、「社員のため」を思うならば、やはり定期的な異動や、部署は替わらなくてもせめて別の仕事をしてもらうなどの対応は必要です。

一方、短期的な水差しは、社員の仕事を適切に評価しないことです。

ここで言う「評価」とは、評価制度の話というよりも日々の話になります。つまり、社員がいい仕事をしたら、ひと声かけて褒める。この積み重ねが何よりも効くのです。特に、すぐには成果が数字に表れない仕事、表には見えてこないけれど裏ですごく汗をかいた仕事などをちゃんと見てあげて、それに対してのコメントができるかどうか。そのひと言があるかないかで、社員のモチベーションはまったく違ってきます。

世の社長たちは、往往にしてその逆のことをやってしまいます。自分の目に入ってこないから「仕事をしていない」「サボっている」と判断し、しかもそれを会議などの公の場でなじる。成果が出にくい仕事にがんばって取り組んでいる社員に対して、社長が「数字が出ていないじゃないか。本当にちゃんとやっているのか」と責めれば、数字が出ていないことは事実なので社員に返す言葉はありません。しかし、社員の心の中では「社長は何もわかっていない」「見えないところでがんばっても意味がない」となり、せっかくのヤル気も削がれてしまうのです。

また、社長の日ごろの言動や振る舞い、さらには身につけているものや飲み食いするものも、本人はそうとは気づいていないことがほとんどですが、社員のモチベーションに大きく影響しています。これも短期的な水を差す一例です。

たとえば、書類や物を社員に渡すとき、手と手を通じて丁寧に渡さずに、ぞんざいに投げて渡すクセがある社長を、特にオーナー企業でよく見かけます。こうしたクセがある社長は、心の奥底で「お前（社員）を使ってやっている」という意識、つまり社員を自分の使用人として見下している意識があると思います。そんな気持ちで接しられたら、社員としては当然嫌な気持ちになるはずです。

「会食の場での社長の振る舞いにガッカリした」と言う人もいました。あるとき、お客様と食事をすることになり、その社員と社長とお客様とでレストランに行ったそうです。飲み物を頼む段になって、社長にワインリストが渡されました。社長自身はワインのことはあまり詳しくなかったので、ソムリエに聞くか、同じテーブルにワインに詳しい人がいればその人に選択を委ねるのがスマートな対応でした。しかし、社長は即座に「いちばん安いのをお願いします」とオーダーしたらしいのです。そのやりとりをそばで見ていた社員の方は、「うちの社長はなんてケチなんだ」と思わずにはいられなかったと言います。

私自身も、コンサルティング会社の社長になりたてのころ、「傘」で社員から指摘を受けたことがあります。当時の私は安物の折りたたみ傘を使っていて、使ったあとはレジ袋に入れてカバンの中にしまって持ち歩いていました。ある雨の日、通勤のバスに乗って、いつものようにガサガサ音をたてながら、折りたたみ傘をレジ袋にしまっていました。その姿を部下の女性社員が見ていたようなのです。あとから彼女に「ガッカリした」と言われてしまいました。コンサルティング会社の社長なんだから、傘ぐらいもうちょっとちゃんとしたのを持っていてほしい、ということでした。また、似たようなことで言えば、同じころ私は「見やすい」という理由でデジタル腕時計をしていましたが、社員からは「そんな時計じゃダメですよ」みたいな話は散々されました。

社員たちは、社長のことをいつも観察しています。表情や立ち居振る舞い、食事の仕方や身につけているもの、お酒の席での様子など、そういうすべてを見て、そして見ると同時に「社長なんだから、こういうふうに動いてくれるはずだ」という期待感も抱いているものなのです。社長の言動がそのイメージから大きく逸脱してしまうと、社員は期待を裏切られた思いがして、ガッカリしたり、「この人の下で働くのは嫌だな」とモチベーションが著しく低下します。

社長の中には「自分は常に自然体でいたい」と言う人もいます。確かに、自然体でいることで社員との間に親近感が芽生え、コミュニケーションが促進される場合もあります。しかし一方で、自分が普段やっているとおりの自然体で振る舞うことで、社員から「あ〜あ」と思われてしまう可能性があることも頭に入れておかなければなりません。

社長は、会社や社員たちを代表する、ある意味「公人」です。公人であるからには、期待されているイメージを演じることも必要なのです。

社長がいつもどおりの自然体でいて、いちばん心地いいのは、結局社長自身です。「社員のため」を思えば、彼らが望む社長像、期待する社長像を徹底的に演じることも必要だと思います。

それに社長に対して何かを期待したり、望んだりする社員は、自分の価値判断の軸を持っている証拠です。そういう社員は、将来的に仕事ができる稼ぐ社員に育っていく可能性が極めて高い。なので、彼らの期待する社長を演じて、彼らのモチベーションを高めておくことは大切なことなのです。

理想的な社長像を演じるためのやり方として、自分が目標とする社長や映画やテレビドラマの主人公を意識して、その人の表情、立ち居振る舞い、声の発し方を真似してみることをお奨めします。私自身、このやり方で多くの方々からすばらしい要素をいただいてきたと実感しています。

ヤル気にさせる魔法の言葉

社員のモチベーションには、水を差すのではなく、火をつける必要があります。

前項で私は「モチベーションは自律的なものなので、周りの人がどうこう言っても、本人がその気にならなければ、劇的に高まることはない」と話しました。つまり、社員のモチベーションを上げるには、当人がその気になることが不可欠であり、「法則1」でも述べたように、そのための環境づくりこそが社長のもっとも重要な仕事になります。

ここでは「言葉」にフォーカスしてみようと思います。つまり、「社長がどんな言葉をかければ、社員が動きたくなる環境がつくれるか」です。

当たり前ですが、非難、ダメ出し、怒鳴りつけたりなどのネガティブな言葉は絶対にダメです。萎縮して、社長の顔色をうかがうだけの指示待ち社員になってしまいます。「がんばれ」「お前ならできる」などの応援・激励系の言葉は悪くはないのですが、もともと動かない社員には響かない可能性もあります。

私がもっとも効果的だと思うのは、「I care about you（私はあなたのことを気にかけていますよ）」という思いがこもった言葉です。

前項で「褒めること」の重要性について話しましたが、根っこは同じです。社員の行動に常に気を配り、どんな些細なことでもよいことをしていたら、声をかけてあげる。仕事の内容に直接的に関わらないこと——たとえば「今朝、みんなの机を拭いてくれていたよね」とか、「お客さんを玄関まで見送っていたよね」とか——でもいいのです。むしろ本人が「褒められよう」「評価されよう」と思ってしたこと以外について、言ってあげた方が効くかもしれません。社長から声をかけられた社員は「そんなところまで見てくれているんだ」と感動して、「もっとがんばろう」という意識が自然と芽生えるはずです。

もちろん会社員として仕事をしてもらっている以上、目標に対するパフォーマンスの評価はする必要があります。仕事ができていれば「よくやった」と褒めてあげるべきだし、できていなければ「なぜ、目標達成ができないのか?」と検討をしなければなりません。ただ、そうした業務的な評価とは別に、「私はあなたをちゃんと見ている」ということを伝えてあげることが、ヤル気にさせる魔法の言葉になるのです。

誰かに見てもらい、気にかけてもらっていることが、どれほどその人の支えになるのか。

そのことを強く実感したのは、オランダの日本大使館で働いていたときです。

当時の私は、大使館ではいちばん下っ端でした。そのため、いろんな仕事をしていたのですが、その中に日本の要人たちがオランダに来る日程やその対応を一覧表にしてまとめる業務がありました。ただ、恥ずかしながら、私はそのリストづくりでミスばかりしていて、あるとき公使から直々にお叱りを受けてしまったのです。

私は、相当に落ち込みました。それでも「次は絶対にミスをなくそう」と前向きな気持ちになれたのは、公使が言ってくれたひと言があったからです。彼は私を厳しく叱責したあと、「君は自分のワープロをわざわざ持ってきて、やってくれているんだな」とも言ってくれたのです。

当時は、まだパソコンが普及していない時代だったので、そのリストづくりの作業はもともと切り貼りでやっていました。それを非効率だと考えた私は、自宅から自分のワープロを大使館に持ち込んで作業をしていたのです。そんな私の工夫や努力を、公使はちゃんと見てくれて、認めてくれている。そのことがわかったとき、すごく心強かったし、「公使はただダメ出しをしているのではない」「仕事ぶりをちゃんと見てくれたうえで、言ってくれたんだ」「ならば、自分が変わらなければ」と素直に思うことができました。

社長がそうした「I care about you」のメッセージを社員に向けて伝えるには、その前段階として、一緒に働いている社員全員に関心を持たなければなりません。

社員の一人ひとりについて、「自分は○○のことをどれだけ知っているだろう?」と自問自答してみてください。きっと「すごく知っている社員」と「ほとんど知らない社員」が明らかになると思います。「ほとんど知らない社員」は、相性が合わないから知らず知らずのうちに避けているとか、本人が目立たない存在だから目に入ってこないとか、接点が少ない何らかの原因があるはずです。そういう社員ほど、意識的に見ることを心がけましょう。

声をかける内容は、本当に些細なことで構わないのです。

先日、私の会社でイベントをやったとき、社員たちには早朝から会場入りをして、準備をしてもらいました。そのときの準備自体は不備も多く、パフォーマンス的にはあまりよくはなかったのですが、ミスはミスとして厳しく指摘・注意をしたうえで、「朝早くから来てくれたことには感謝している」という「I care about you」の言葉を社員たちにしっかりと伝えました。

「私は、あなたのことを気にかけている」

どんなシーンでも、そのひと言があるかないかで、社員の気持ちは大きく変わるはずです。

なお、「部下の心をつかむ」と銘打った巷の教則本などでは、ときどき「最初に褒めて、そのあとに注意する」と書かれていることがありますが、私の経験上、逆の方がいいと思います。仮に最初に褒めてあげて、部下の気持ちを解きほぐしてオープンにしたとしても、そのあと褒めたことの四倍も五倍も注意をすれば、最初に褒めた効果も消えてしまいます。それに、上司の方も「褒めたあとには注意をしなければ」と構えているので、おのずと表情や口調も厳しいものになってしまいがちです。厳しい顔で褒めてあげても、褒めた効果はあまりないと思います。

そうではなく、はじめに注意すべきことは一気に注意して、最後に「でも、君が朝早く来てがんばっていることはわかっているし、こちらも助けられているよ」と言ってあげた方が、部下の気持ちは救われて、注意されたことも素直に受け入れられるはずです。

法則
3

伝えたいときこそ、聞く

コミュニケーションは「聞く」から始める

社長という立場にあると、部下である社員に対して、言いたいことを言う場面はよくあります。では、その逆はどうでしょう？

これまでさまざまな企業の経営に関わってきた印象では、ほとんどの社長は「言う」「伝える」「指示する」「教える」などの発信の行動には積極的ですが、「聞く」という受信の行動は圧倒的に弱い。仮に相手が話をしていても、ほかのことをしていたり、もしくは「うん、うん」と頷いて聞いているふりをしながら、自分が次に話すタイミングを見計らっていたりする。「言う」「伝える」ばかりで、「聞く」をおろそかにするのは、「自分（社長）は指示を与える者である」という認識が強くあるからでしょう。

特に、会社の業績が上がらない、事業がうまくいかない、トラブルが発生しているなどの非常時においては、社長は言いたいことが山ほどあるため、社員を叱咤激励したり、ダメ出しをしたり、「ああしろ、こうしろ」と指示したり、一方的に「言う」側に立ちます。これも社長の「動きすぎ」のひとつです。そうなると、社員としては、言いたいことがあっても言えないし、報告すべきことも十分に報告できなくなってしまいます。

社長としては、言いたいことを言っているので、満足しているかもしれません。しかし、その状況は組織としてはかなりのマイナスです。ひとつには、社員は言いたくても言えない状況なので、フラストレーションが溜まります。また、本来ならば社長は的確な指示を出したり、判断をするために情報を収集しなければならないのに、情報源である社員が話したくても話せない環境を自らつくってしまっているからです。

もし社員に対して何かを言いたい、伝えたいと思ったら、その前にまずは「聞く」。社員とのコミュニケーションは、「言う」「伝える」ではなく、「聞く」から始めるべきなのです。特に社内で何らかの問題が発生しているときは、何よりも担当社員が現状をどのように捉えており、今後どうしようと考えているかを聞く。そのうえで必要があれば、指示を出せばいいのです。

社員の話をちゃんと聞けば、「彼らはこんなことを考えているんだ」「こんな思いで働いているんだ」ということがわかり、社内の景色も違って見えるはずです。結果、あなたの判断や行動も変わるだろうし、「法則1」でお話ししたような、独りよがりの「いい迷惑」

もなくなるでしょう。

私がある会社の再建に関わったときには、まさに社員に「聞いた」ことで「いい迷惑」を回避して、真に「社員のため」の行動を起こすことができました。

その会社の再建に当たって、当初私が真っ先に取り組もうとしたのが、社員の給料を上げることでした。それまでずっと給料が下がりつづけていたので、「会社を再建するための先行投資として、みんなの給料を上げるぞ！」と社員の気持ちを盛り上げようと考えたのです。とはいえ、もともと経営破綻している会社なので、どこからお金を引っ張ってくるかが問題でした。会議で議論した結果、賞与の原資を分割して、一次金として社員一人当たりに三万〜五万円支払うことが決まりました。

しかしその後、個人的に部長と話していたとき、彼が「実は、大事なのはお金じゃない」と教えてくれたのです。彼が言うには、給料がわずか数万円多くなるよりも、社長が社員一人ひとりに「ありがとう」と言葉をかけてくれた方が、よほどヤル気につながるとのことでした。部長の話を聞いて「なるほど」と思った私は、小さなケーキを全社員分買って、一人ひとりの席を配って回りながら感謝の気持ちを伝えていきました。実際、社員からも「銀行口座に数万円のお金が入るより、直接声をかけてくれた方が、よっぽど社長とのつながりを感じるし、モチベーションも上がる」と高い評価をいただきました。

「お金より、社長の声がけがほしい」という本音の話は、会議ではまったく出てきませんでした。きっとオフィシャルではないところで個別に聞いたからこそ、部長から出てきた話だと思います。


ひとくちに「聞く」といっても、このように人の話には本音と建前があるので、いかに本音を聞き出すかが重要です。また、社長が「お前の話を聞いてやるから、言いたいことを言え」と促すだけでは、社員は気を遣って何も話しません。そのため、次項以降で述べるような、社員が話しやすい環境づくりが欠かせません。

社員にとって話しやすい環境があれば、よい情報も悪い情報もしっかりと社長の耳に聞こえてくるようになります。

会社を人体に例えると、社内の情報は血液みたいなものです。一方、社長には心臓や脳の役割があります。情報は必ず社長のところを循環してから、全身に行き渡らせなければなりません。うまく流れないと、身体（会社）のさまざまな箇所に不調が起こります。社長は常に情報を集め、循環させなければならず、そのために不可欠なのが「聞く」ことなのです。

「聞く場」を定例化する

社員の話を聞こうと思ったら、社長は率先して「聞く場」を設ける必要があります。しかも、「扉は開いているから、いつでも話にこい」と相手任せにしたり、社長の都合で不定期にやるのではなく、自分の時間を社員に預けるつもりで定例会として「聞く場」を開催する。そうやって自分の時間を「聞く」ために確保しないと、結局忙しさにかまけて社員の話を聞くことなんてできません。

私自身、かつては「話を聞けない社長」でした。

マーサーで社長になりたてのころ、私は「聞く場」の重要性をまったく認識しておらず、自分が聞きたいことや何か用事があるときだけ社員を呼んでいました。しかし、こちらから呼び出したときは、たいてい自分が聞きたいことだけを聞いて、社員が話したいことを話す時間はほとんどありませんでした。

変わったのは四〇歳のとき。二年間の社長業を振り返ったとき、自分から社員へは言いたいことを言っていたが、社員が何かを言いたいときには自分はその場にいないか、いたとしても忙しくて数分しか時間がとれない。そんなことを繰り返していたことがよくなかったなと反省して、意識的に社員との時間を持つようにしました。互いに落ち着いて自然体で対話ができたおかげで、ちゃんと社員の話を聞けていなかったころに比べて、入ってくる情報の内容と質がまったく変わり、これまで見えてなかった社内の風景も見えてくるようになりました。それで「やはり聞くことを最初にやらなきゃなダメだな」と考えを改め、以後「聞く」を重視するようになったのです。

「聞く場」を定例化する際には、「一対一」と「一対多」の場をそれぞれ使い分けた方が効果的です。

「一対多」の典型は会議の場です。大勢の社員の意見を効率的に聞くには、「一対多」の場は便利です。ただし、社員との信頼関係が十分に構築できていなかったりすると、社長が「何でも話してくれ」と言っても、そう易々と話してくれるものではありません。会議の場で発言することが苦手な社員もいるでしょうから、そうした人の声も「一対多」の場ではなかなか聞こえてきません。

そこで活用したいのが「一対一」の聞く場です。たとえば、営業部長や技術部長など、各部門の長との対話の時間を定期的に持つ。また、気になる社員がいれば、個別に時間を設けて、話を聞く。社長が自ら「一対一」の聞く場をつくることで、社員にとっても会議の場では言いにくいことも言いやすくなり、社内の情報の流れがスムーズになります。

ある会社の経営再建のために顧問として入ったときにも、私はまず「一対一」の対話を密にやりました。その会社の社員たちにとって、私はいきなり外部から入ってきた異物みたいな存在です。信頼関係もまったく築けていません。その状態で、こちらからメールを出したり、全社会議で話をしても、こちらの意図は何も伝わらないだろうと考えたからです。対話をしたのは、五人の営業部長たち。彼らと毎日必ず個別に会って、話を聞くことにしました。当時、私のデスクのそばにあったホワイトボードには、マグネットに貼りつけた五人の顔写真が並び、話を聞いたらその写真付きマグネットをボードの上方に移動させることを日課としていました。

社長業は確かに多忙です。しかし、忙しさにかまけて動きすぎているうちに、社長と社員の間のコミュニケーションの溝がどんどん広がっていく様子を、私はさまざまな会社で見てきました。自分で動くことをすこし中断してでも、社員の話に耳を傾ける場を定期的につくるようにしてください。

聞くチャネルは多種多様に

聞く場をつくるとき、そのチャネルはできるだけ多種多様にした方がいいと思います。チャネルを多様にするとは、言い換えれば「フォーマルな場とインフォーマルな場の両方をつくる」ということです。

フォーマルな場の例として、まずは営業会議や経営会議などの会議体があります。また、稟議書の説明を受ける場もフォーマルな場のひとつです。Eメールで業務などの報告を受けることも、物理的な場所を設けているわけではありませんが、会社におけるフォーマルな場として機能しています。

フォーマルな場では、何らかの報告をする「話し手（=社員）」と、その報告を聞く「聞き手（=社長）」の立場がはっきりと分かれます。加えて、それぞれに明確な意図があり、たとえば「話し手」は情報の共有や業務の遂行などの目的を持って報告し、「聞き手」は社員に指示を出したり、経営判断をするための材料として報告を聞きます。つまり、フォーマルな場では自由な対話というよりも、その場の目的に基づいた一定の範囲内での対話となります。

目的に対して必要不可欠な対話をする点では、フォーマルな場は無駄がなく、極めて理に適った「聞く場」です。しかし、その場の目的に直接関わらない情報（目的の範囲外の情報）を聞くことが難しいというデメリットもあります。

そのデメリットを補う役割をするのが、インフォーマルな場です。

インフォーマルな場とは、日常的な会話や雑談のレベルの対話です。会社の業務とは直接的に関わりがなく、社員も肩肘を張っていないので、話し手の人となりや公の場ではなかなか言えない本音を聞けたりもします。

これまでさまざまな企業を見てきた印象では、社員とのコミュニケーションを促進するためにインフォーマルな場が有効であることを理解している社長はそれなりにいます。しかし、実際にインフォーマルな場を設けようとしてうまくいってないケースが多い。

たとえば、車座ミーティング。社員たちに日ごろ感じていることを自由に語ってもらうよう、社長をはじめとした経営陣が現場を回り、社員たちが話しやすいように直属の上司を抜きにするなどの工夫もしているようです。これは表向きはインフォーマルなフォーマットに見えますが、「社長が来る」ということで社員たちはセットアップしていますから、実際にはフォーマルな場になっています。もし本当にインフォーマルな場にしたければ、事前に何の告知もせずにいきなり現場に行って、社員に声がけをする方法があります。ただ、場合によっては現場の迷惑になりかねないので、訪れるタイミングを慎重に見計らう必要はあります。

インフォーマルな場として、私がよくやるのは、レクリエーションの機会をつくることです。これまでにボウリング大会や卓球大会、ソフトボールの試合などを企画してきました。そうしたレクリエーションの場では、社長がずっといてはかえって社員たちに気を遣わせてしまうので、はじめの三〇分ぐらい一緒に楽しみながら話を聞き、あとはお金を払って先に帰るようにしています。

一対一のインフォーマルな場としては、出張先に連れていく方法があります。

話を聞いておきたい社員がいたら、出張の際に「ちょっと〇〇までついてきてくれ」と新幹線のグリーン車の隣の席に座らせて、移動中にいろいろ話を聞く。遠方に出かける機会がなければ、タクシーで移動するときに一緒に乗ってもらうだけでもいいと思います。

この方法で私がもっともお金をかけたのは、マーサーの社長時代です。部下の一人がものすごく落ち込んでいたので、ある日唐突に「パスポートを持って、何日の何時に成田空港に来てくれ」と指示して、シンガポール出張に半ば強引に付き合わせたのです。移動中や食事中には仕事やプライベートのさまざまな話をして、私が仕事で出ているときはホテルのスパでのんびりしてもらいました。おかげで、彼がなぜ落ち込んでいるかわかりましたし、彼自身も仕事を離れてインフォーマルな場でいろいろ話をしたことで気持ちを立て直し、帰国後は再びしっかりと働いてくれるようになりました。

移動や食事などプライベートな空間を社長と共有することで、社員は普段はなかなか言えない話も気軽にしてくれるようになります。そのことに気づけたのは、自分自身が若いころに逆の立場で同じことをされたからです。

当時マーサーの駆け出しコンサルタントだった私にとって、移動と言えば新幹線の普通車両や飛行機のエコノミークラスが常でした。しかし、あるときアメリカ人の本社の役員から「出張に一緒についてきなさい」と言われて、人生初のビジネスクラスに乗ることになりました。そのとき、役員と一緒にビジネスクラスに乗っている高揚感からか、私は日ごろは遠慮して言えないこともどんどん話してしまったのです。

仕事がないのに部下を出張に連れていくのは、経費の無駄遣いだと感じるかもしれません。しかし、その社員の話を聞くことが絶対に必要だと感じたのであれば、そのくらい思い切ったインフォーマルな聞く場づくりをしても構わないと思います。確かに出費はかさみますが、その分、社員の話を聞くことで目からウロコの発見など大きなリターンが得られるはずです。

「聞いているよ」のサインを身体で示す

社員の話を聞いているときには、必ず「聞いているよ」のサインを出してください。社長が「聞いているよ」のサインを出せば、社員は「社長は話を聞いてくれる」と明確に認識して、さらにいろいろな話を積極的にしてくれるようになります。逆に「聞いているよ」のサインを示さないと、「社長は話を聞いているんだか、聞いていないんだかよくわからない」と不信感が募り、最悪の場合は「どうせ話をしても、社長は聞いてくれない」となり、ますます話をしてくれなくなります。

社員が「話しやすい」「話したくなる」環境づくりには、社長が発する「聞いているよ」

のサインが不可欠なのです。

サインの出し方には、いろいろな方法があります。

もっとも簡単なのは、相手の目をしっかりと見ること、つまりアイコンタクトです。初歩的なことですが、部下の話を聞きながら考えごとをしていたり、ほかの仕事をしたりして、アイコンタクトがちゃんとできていない社長は意外に多いと思います。ほかに、相手の言葉にいちいちうなずいたり、聞いた話を要約して「つまり、こういうことだな?」と確認したりすることも、「聞いているよ」のサインとして有効です。

目元や口元などの表情筋をうまく使って、相手の話に合わせて、さまざまな表情を見せることも効果的なサインになります。この表情筋を使ったコミュニケーション法は、うまく使えるようになれば、言葉よりも多くのメッセージを相手に伝えることができます。社員がよい報告をしてくれたとき、「よくやった」と口で褒めるだけではなく、心の底からうれしそうな満面の笑顔を返してあげることで、社員は「社長は本気で褒めてくれている」と確信することができ、達成感や満足感が何倍にも膨れ上がるのです。

対面して会話をしているその場だけではなく、あとから相手に「聞いているよ」のサインを送ることもできます。私がよくやっているのが、社員から聞いた内容を自分なりに整理して、確認メールを送ることです。「さっき聞いた話だけど、つまり○○○（自分なりに整理した内容）でOKだよね？」と社員に改めて問いかけることで、社員としては「社長は話をちゃんと聞いてくれただけではなく、咀嚼までしてくれている」と感じてくれます。この方法は、マーサーで社長になって以来、ほとんどの会社で実践してきたテクニックです。

ちなみに、「聞いているよ」のサインのひとつとして、先ほど表情筋を使ったコミュニケーション法について話をしましたが、表情筋は日ごろから意識して動かしていないと、いざというときにスムーズに動いてくれません。スポーツのパフォーマンスを上げるために身体の筋肉をトレーニングしなければならないように、豊かな表情をつくるには表情筋のトレーニングが必要です。

Ｉｎｄｉｇｏ Ｂｌｕｅで行なっている人材育成プログラム「柴田塾」でも、講師を務める役者さんたちが、相手と接するときの表情のつくり方のコツを受講生に教えています。役者という仕事は、演じる役の思いや感情をセリフだけではなく、全身の動きや顔の表情でリアルに表現する専門家なので、表情のつくり方を教える講師としてまさに適任です。

そうやって表情のつくり方をトレーニングすることで、はじめは能面のような顔つきの人も、うれしそうな表情、満足げな表情、厳しい表情など、さまざまな顔を見せてくれるようになります。

鏡を見ながら、笑ったり、しかめ面をしたり、いろんな表情をつくってみるのも、日常的にできる表情筋のトレーニングになります。

社員に笑顔を見せるのが苦手という人は、まずは毎朝鏡の前で笑顔の練習をしてみてはいかがでしょうか？

相性のよくない部下ほど、時間をかけた対話を

大勢の人が集まれば、当然その中にはいろいろなタイプがいます。あなたの会社にも、相性がいい社員、お気に入りの社員がいる一方で、苦手な社員、相性がどうしても合わない社員がいるのではないでしょうか。

社長といえども人間ですから、つい前者のお気に入りの社員を身近に置いて、後者の苦

手な社員、相性がよくない社員を遠ざけてしまう傾向にあります。しかし、私がここでぜひお伝えしたいのは、「相性がよくない社員ほど、対話の機会をできるだけ多く設けて、いろんな話を聞くようにしてほしい」ということです。

コミュニケーションのよし悪しは、共有した時間の量に比例します。

気が合う人とは、一緒にいる時間も自然と長くなり、いろんな話を聞くことができます。コミュニケーションは密になり、互いの理解や信頼関係も深まっていきます。

一方、苦手な人、相性がよくない人に対しては、「この人と一緒にいるのは嫌だな、面倒だな」というマイナスの気持ちが先行してしまうため、つい一緒にいる時間も短くなり、コミュニケーションが疎遠になります。その人が日ごろ何を考えているのか、どんな思いで仕事をしているのかも理解しようとしなくなり、さらに互いの溝が広がっていきます。最悪の場合、相手に対するネガティブな感情が高まり、互いに罵り合ったり、陰口を言い合ったりする険悪な関係に陥ってしまいます。

繰り返しますが、コミュニケーションのよし悪しは共有した時間の量に比例します。確かに、世の中にはどうがんばっても「合わない人」はいます。しかし、合わないからといって、時間を共有しなければ、その合わない関係性はどんどん悪化していくばかりです。

大事なのは、相性がよくない人、苦手な人、嫌いな人ほど、意図的に同じ時間を共有することです。そうすれば、合わないなら合わないなりのコミュニケーションが成立します。

そのことを身をもって実感したのは、カルチュア・コンビニエンス・クラブ時代です。同社の最高執行責任者（ＣＯＯ）を務めていたとき、私は事業部門の長や子会社の社長といった重要なポストにある部下たちと個別に定例会（彼らの話を聞くための場）を持っていました。

定例会の開催頻度は、部下によって異なりました。「この人は自分に似ているな」と感じた部下に対しては、月に一回、平常のワーキングアワーの中で三〇分ぐらい会っていました。「仕事の仕方や価値観などが自分と少し違うな」と感じた人とは、月に数回、昼ご飯を一緒に食べました。「かなり違う」という人とは、夕ご飯を一緒に食べました。そして、「自分とは何もかもが真逆で、一緒にいるのも苦痛だな」と思う人とは、月に数回、さしでの飲み会をセッティングしました。しかも、一回の飲み会につき、六、七時間ぐらい一緒にいるようにしたのです。

飲み会の序盤は、私が「あのプロジェクト、順調にいっていると思う？」と聞けば、彼は「いったいどこがうまくいっているんですか」と批判し、私が「最近入った新人社員、がんばっているね」と褒めれば、彼は「あいつはぜんぜんダメですよ」と反論し、対話は平行線のまま、まったくかみ合いません。こちらから振った話は何でもかんでも否定や批判をされるので、はじめのうちは「なんで、こいつはこうなんだ！」といちいち腹が立ちます。しかし、時間が過ぎて、ほどよく酔いも回ってくると、だんだんと相手の返しにも慣れてきて、「彼は、私とは真逆の目線を持っているだけなんだ」と腑に落ちるようになる。そうなると、否定や批判をされても「おっ、来た、来た」と余裕を持って受け入れられるようになります。単に「自分とは違う価値観、目線を持っている人である」と理解できれば、互いの感情がヘンにもつれることなく、コミュニケーションを深めていくことは十分にできるはずです。

大切なのは、ともに過ごす時間の長さです。相性のよくない人ほど、時間をかけて、じっくりと話を聞くようにしてください。

聞いて即行動は、ときに危うい

「聞く」ことは、コミュニケーションを促進したり、情報を得るために欠かせません。積極的に「聞く場」をつくって、社員の意見に耳を傾けることは、社長の責務だと言っても過言ではありません。

ただし、注意してほしいことがひとつあります。それは、社員から話を聞いて、即行動に移すことは、ときにリスクもあるということです。

話を聞いて、すぐに動いた方がいいのは、事業の進展や非常時の対応に関わるときです。大口の注文が来ていると社員から報告を受けたとき、どう対応するか躊躇していたら、儲けるチャンスを逃してしまいます。顧客からのクレームが来ているときに対応が遅れれば、傷口を広げかねません。社長が何らかの決断をしなければいけない案件は、どちらにせよいずれ決めなければいけないことなので、即断即決をした方がいいのです。

私自身、長年会社の経営に携わってきて、つくづく思うのは「一時間かけても、一日かけても、結論は同じ場合が多い」ということです。どれだけ時間をかけて熟考しても、堂々巡りを繰り返すだけで、結局最初の判断に戻ることが幾度となくありました。なので、いまでは最初にパッと直感的に閃いた判断に従って動くようにしています。

しかし、聞いた内容によっては、即断即決がかえって状況を悪くすることもあります。

その典型が、人の評価や評判に関することです。たとえば、「この事業がうまくいかなかったのは、上司のBさんのせいだ」という話を聞いたとき、すぐにその上司を呼び出してダメ出しや叱責をしたくなりますが、それは非常に危険です。なぜなら、「上司のBさんが悪い」というのは、あくまでも報告者の主観的な評価であり、実際にどうなのかは当人の言い分も聞いてみないと判断できないからです。もしかしたら、報告者の意見が間違っていて、Bさんの方が正しい可能性だって十分に考えられます。にもかかわらず、Bさんの話を「聞く」ことなく、社長が動いてしまったら、Bさんの不満は募り、関係性は悪化します。

人の評価や評判に関することを聞いたら、すぐに動きたくなるのをグッと我慢して、まずは両者の話を「聞く」。そうやって両方からの情報を得たうえで、社長として判断を下して動くことを徹底した方がいいと思います。

かつては私も「何ごとに対してもすぐに動くことこそ、社長の責務」と思い込んでいた時期があり、現場から「あの課長は〇〇だ」と言われると、「よし、俺が行って、直接注意してやる！」と鼻息荒く課長にダメ出しをしていました。しかし、その結果どうなったかと言えば、中間管理職の部下たちが離反して、組織はバラバラになってしまったのです。

前述したように、社長が即断即決をしなければならない場面はあります。しかし、部下からの話を聞いて何でもかんでもすぐに動こうとするのは、単なる「ええかっこしい（＝見栄っ張り）」にすぎません。動いているのは、「社員のため」ではなく、「自分のため」。まさに「動きすぎる社長」なのです。

いくら社員から情報を聞けても、その情報に対するリアクションを間違えてしまうと、かえって社員のヤル気や信頼を損なってしまいます。ですので、聞いたあとの動き方にも、ぜひ注意をするようにしてください。

法則 4

悪い報告こそ歓迎する

メッセンジャーを撃ってはいけない

「法則3」では、社員の話を聞くことの重要性と、話を聞くためには何よりも社員が話しやすい環境をつくることが不可欠である、とお話ししました。社員が話しやすい環境、話がしたくなる環境さえあれば、ほとんどの情報は社長のもとに届くようになります。

ただし、中には「社長のもとに届きにくい情報」もあります。現場でトラブルが発生している、顧客からクレームが来ている、商品の製造が間に合わず納期が遅れそうだ、人が辞める、などのいわゆる「悪い報告」です。

経営者の方たちと話をしていて、彼らがよく嘆いているのは「自分のところに悪い報告が上がってこない」ことです。

会社のトップに悪い報告が届かないのは由々しき問題です。すでに何らかの問題が発生しているにもかかわらず、社長のもとに悪い報告が上がってこなければ、判断や対応が後手に回ってしまい、取り返しのつかない状況にはまり込んでしまうからです。悪い報告が社長のもとに最後に届くのは致命的な状況であると言っても過言ではありません。

ある家電メーカーの事例をご紹介しましょう。

そのメーカーは近年経営が赤字転落し、厳しい状況の中で再建の道を模索していました。再建のための最重要課題として社長が掲げたのが、「顧客接点の強化」でした。しかし、社長の思いとは裏腹に、現場では真逆の事態が起こってしまいました。

ある夏のこと、製品のリコールが発生して対応に追われているところに、猛暑の影響でエアコンの過度な使用による故障が相次ぎ、全社を挙げて対応したもののすべての顧客に対して十分なサポートができませんでした。そのため、顧客である中小企業の経営者の方からお叱りの手紙をいただいてしまったそうです。その手紙の宛名は「社長名」になっていました。しかし、送付先は「お客様相談室」であったため、手紙は社長のもとに直接届かず、お客様相談室の担当者のもとに届きました。

そのとき担当者が、この悪い報せを社長にすぐに報告していれば、事態はそれほど大きくはならなかったでしょう。ところが担当者レベルで、「この手紙は、社長に見せる必要はない」と判断して、お客様相談室内で対応しようとしたのです。担当者に悪気はなかったと思います。クレームがあった事実を社長に隠そうとしたわけでもない。のちに社長自身が聞いたところによれば、「現場では過去にもいろいろな問題が起きており、いちいち社長に報告することなく、現場レベルで解決してきたので、このときも報告をしなかった」とのことです。しかし、社長宛ての手紙を現場の担当者レベルで止めてしまったのは、やはりマズい対応だったと言えます。

その後、会社と手紙を送った顧客との間にさまざまなやりとりがあり、およそ一年後にやっと手紙が社長のもとに届きました。手紙を読んだ社長が愕然としたのは言うまでもありません。「顧客接点を強化していこうと掲げたのに、なぜこんなことが起こってしまったのか？」と。

事態を重く見た社長は、わざわざその顧客のもとを訪ねて、自分宛てに手紙をいただいていたにもかかわらず真摯な対応ができなかったことを自ら謝罪したそうです。

この事例に類似したケースは、どんな会社でも起こっているのではないでしょうか。現場で起こっている深刻なトラブルが社長に伝わらず、全社的な判断や対応が遅れて、事態がさらに悪化するのは、会社が危機的な状況に陥るときの典型的なパターンのひとつです。

では、なぜ悪い報告は、社長のもとに届きにくいのか。

私は、二つの大きな原因があると考えます。

ひとつは、社長自身の言動に起因します。

悪い報告を受けたとき、あなたはその報告者に対して、どんな態度で接していますか？よく思い出してみてください。

絶対にやってはいけないのが「メッセンジャーを撃つ」こと。つまり、悪い報告を受けたとき、その場の感情に任せて報告者を怒鳴ったり、責め立てたりすることです。

耳の痛い話を聞いて、つい感情的になって「なぜ、そんなことになっているんだ！」「説明しろ！」と声を荒げてしまう気持ちもわからなくはありません。しかし、たいていの場合、悪い報告の責任が報告者自身にあることは稀で、彼は責めを負うべき立場になく、むしろ悪い情報を早い段階で伝えてくれたことを評価すべきなのです。

にもかかわらず、報告者を撃ってしまう社長はあとを絶ちません。社員としては、会社のためを思って報告をしたのに、まるでそのトラブルの元凶のように扱われ、怒鳴られたり、責め立てられることがわかっているならば、あえて「悪い情報を社長に届けよう」とは思わないでしょう。

また、仮に報告者自身に責任があったとしても、こちらの言い分は一切聞いてもらえず、一方的に撃たれることがわかっていれば、「できれば、社長に報告したくはない」「何とか自分でトラブルを解決しよう」と考えるのが自然です。

悪い報告が上がってくるようにしたければ、まず何よりも「メッセンジャーを絶対に撃たないこと」を徹底すべきです。そのうえで、「よくぞ報告してくれた」「おかげで迅速な対応ができそうだ」と報告者に感謝するぐらいの姿勢が必要です。

悪い報告を歓迎できるぐらいの度量がなければ、悪い報告は集まってこないのです。

「裸の王様」になっていないか？

社長のもとに悪い報告が上がってこないもうひとつの理由は、組織のあり方に問題があります。キーワードは「忖度《そんたく》」です。

人が集まり、組織をつくると、その中で必ず忖度が起こります。忖度とは、他人の気持ちを推し測ることです。忖度すること自体は、決して悪いことではなく、むしろ互いに忖度し合うことでいちいち会話や文書で確認する手間が省けて、ものごとがスムーズに動きます。問題は、忖度がだんだんと過度になっていくことです。

この過度に忖度をしてしまう社内環境こそが、悪い報告が社長のもとに届かない、二つ目の原因になります。

現場でトラブルが起こったとき、現場の社員が「忙しい社長に、こんなことを報告して煩わせてはいけない」と忖度して、自分たちで解決しようとする。はじめはそれで現場の仕事がうまく回るかもしれません。しかし、それを繰り返しているうちに、「この問題も……、あの問題も……」となり、いつの間にか社長のもとに現場の情報がまったく届かなくなってしまう。結果、すごく小さなトラブルが、社長のもとに届くころには取り返しがつかない大問題に発展してしまっているということが起きてしまうのです。先述した家電メーカーの事例もこれに当たります。

さらに忖度行動が進行すると、社員は社長の顔色をうかがい、社長にとって耳触りのいいことばかりを言うようになります。「法則1」で、社長が店舗の視察に来ているときだけ店内のレイアウトなどを社長の指示どおりに変えていた会社の話をしましたが、その社員たちの行動も過度な忖度だと言えます。

ここまで来ると、報告が届く・届かないの次元の話ではありません。伝えられる情報の内容が加工されているため、社員たちが現場で直面している「現実」と、社長が見ている「現実」がまったく別物になるという、とんでもない事態に陥ってしまいます。まさに社長が「裸の王様」状態となってしまうのです。

社員が過度な忖度行動を取ってしまう背景には、社内のさまざまな状況が複合的に絡み合っています。

第一に、社長が忙しすぎる（動きすぎている）。社長自身が忙しく動き回っているため、社員は報告する機会を得られず、忖度せざるを得ない状況に追い込まれているのです。

第二は、前項の「メッセンジャーを撃つ」とも関連しますが、悪い報告をすることで社長に怒鳴られたり、責任を追及されることを恐れて、保身のために忖度するケースです。

第三の要因は、第二の要因とコインの裏表の関係とも言えますが、社長を煩わせないこと、社長が喜びそうな情報だけを報告することで、自分の評価につなげたいがゆえの忖度。

ほかにも、社長の指示が曖昧だったりすると、社員としてはどう動いていいか迷ってしまい、結果として忖度して、とりあえず社長にとって耳触りのいいこと、怒られないことだけを伝えておこうというマインドセットになります。

次のような驚くべき忖度に遭遇したこともあります。

ある会社が社名を変更することになり、私と役員とが協議をした末、新しい社名候補が決まり、あとは社長の決裁を受けるだけとなりました。ここではその社名について具体的には言えないのですが、英語を用いた少々読みづらい社名でした。その後、社長決裁は無事に下りて、新社名は正式採用に。事はスムーズに運んでいるかに見えました。ところが、あるとき、社長が新社名の読み方を間違えて決裁したことが判明したのです。役員たちは、社長のいないところで話し合いました。結局、社長に対して「読み方が違います」と訂正できないとのことで、担当者が私のところに来て「社長が決裁を出した、違う読み方でいかせてくれ」という話になりました。

こうなると会社は、社長にとっても社員にとってもまったく幸せではない状態になってしまいます。過度な忖度がもたらす結末とはそういうことなのです。

忖度行動は、日本のあらゆる会社にはびこっています。それゆえでしょうか、私がアドバイザーや顧問の立場で経営会議に参画したりすると、周囲から「代わりに社長に言ってほしい」といった話をよくされます。社員たちの代弁者になることを期待されるのです。それほどまでに、社長は社員の話に耳を傾けず、社員たちは社長にものが言えないのです。

社員の過度な忖度を防ぎ、悪い報告がきちっと上がってくるようにするには、社長が「何でも聞くよ」という姿勢を見せて、社員にとって「話しやすい環境」をつくっておくことが欠かせません。つまり、「法則3」で掲げた「聞く場を定例化する」「聞いているよのサインを身体で示す」などの方法が、ここでも活きるわけです。

先述したように、社長が忙しすぎるから、社員は忖度して報告をしなくなるのです。だからこそ、社長が自分の時間を確保して、報告を受けるための定期的な場をつくらなければなりません。聞くチャネルを多種多様に持っておけば、仮に会議体などのフォーマルな場で耳触りのいいことばかりが聞こえてきても、インフォーマルな場で現場の本音を聞くことができれば、「裸の王様」にならず、現場に合わせた適切な判断・行動ができるようになります。

悪い報告を聞くときこそ心に静かな水面を

悪い報告を聞けば、気持ちは昂り、何とかしなければと焦ったり、不安が募るはずです。社長は会社なり、個々の事業なりに強い思い入れや責任感を持っているので、感情が動いてしまうのは仕方のないことなのかもしれません。そうなると、悪い報告を「歓迎」するのも心情的に難しくなります。

しかし、昂る感情に流されてはいけません。感情のままに行動をすれば、メッセンジャーやほかの社員に対して一方的なダメ出し、叱責、非難をしかねません。そうした感情に任せた行動は、問題の解決には一切つながらないし、何よりも先述したように「悪い報告が届かない」環境をつくってしまいます。

この手の悪い例は、私自身が社長になった最初の二年間で散々やってきました。

メールで悪い報告を受けたときには、頭に血が上り、その報告者を非難する辛辣な言葉を書き連ねたメールを返信したことは幾度となくあります。しかも、その返信メールを、見せしめのように全社員にCCで送りつけていました。いま振り返ると、本当に最悪の対応だったと思います。

その後、私は改心し、悪い報告を聞いたときにも感情的に反応せず、冷静な対応が取れるようになりました。メッセンジャーを撃つことなく、悪い報告を歓迎するには、感情に流されない冷静な心が何よりも大切です。

悪い報告を聞くとき、私がいつも思い描くのは、心に静かな水面が広がっているイメージです。波は立っておらず、水面は鏡のような、完全なる凪の状態。静かな水面を心に鮮明に思い描くだけでも、気持ちは穏やかになります。

深く呼吸することも大切です。人は緊張していると、呼吸が浅くなります。呼吸をゆっくり深く行なうことで、心身ともにリラックスさせることができるのです。

ほかにも、悪い報告を聞いたときの対応として「自分が言いたいことを、口に出す前に文章にして書いてみる（↓どれだけ自分が感情的な言葉を発しようとしているか、客観視して冷静になることができます）」「悪い報告をしてきたメールに対して、メールで返さない（↓メールだと言葉の微妙なニュアンスが相手に伝わらず、要らぬ誤解を与えてしまう可能性があるからです）」などのテクニックがあります。

報告を聞いたその場では感情が収まらなければ、いったん仕事から離れることも必要です。私の場合は、スポーツジムに行って泳いだり、スパに行ったり、マッサージを受けたり、主に身体を動かしたり、解きほぐすことで気分転換を図っています。バッティングセンターにも行きます。気分転換の方法は人それぞれだと思いますので、自分なりの方法をいくつか持っておくといいでしょう。

とにかく、悪い報告を受けたときには、感情に任せて対応しない。社長として、このことは常に注意しなければなりません。

「対処しなければならない事実（悪い報告の内容）」と「それに対するムカムカする感情」があったとき、事実が感情に包まれているうちは動かない方が賢明です。まずは深呼吸や身体を動かしたりして、事実を覆っている感情をきれいにリセットする。そうして冷静さを取り戻してから、事実と向かい合い対処法を考えるのです。

事実を覆っている感情の背後にあるのは、「自分を守りたい」「自分を正当化したい」「低く見られたくない」「馬鹿にされたくない」などの思い、要するに自分のための思いです。

かつての私もそうでした。悪い報告を受けたとき、感情的に対応してしまったのは、会社の代表である自分の小さなプライドが傷つけられたような気がして、そんな傷ついた自分を正当化したいがために社員を攻撃していたのです。「自分はここまで考えてやっている。できないのはお前の責任だ」「十分な努力をしていないお前に、私の会社経営についてとやかく言われたくない」……社員に対してそんなメールを送ってしまったのも、結局は自分自身の保身のため、正当化のためでした。

社員のためを思うのであれば、そんな保身のための感情から自分自身を解き放ち、冷静になって悪い報告に向き合わなければなりません。報告してくれた社員を正当に評価しつつ、悪い状況を解決するための方策に全力を尽くすのが社長の役割なのです。

「社員のため」「感情に流されない」という点では、マーサー時代のオーストラリア人の上司の対応の仕方も、個人的には非常に参考にしています。

あるとき私が「報告がある」と伝えると、上司はまず「それはグッドニュースか、それともバッドニュースか？」と聞いてきました。そこで私が「バッドニュースです」と答えると、「そうか。だったらちょっと待ってくれ。水を飲んで、心を落ち着かせてから聞くよ」と水を用意しだしたのです。言うまでもありませんが、上司は本当に慌てていたわけではありません。頭はいたって冷静だったはずです。冷静な頭で考え、報告者である私を落ち着かせて報告しやすい場をつくるために、「慌てる上司」をわざと演じてくれたのです。

別のときには、私が悪い報告があると言った直後、「オー、マイゴッド！ それは大変だ！ すぐに何とかしなければ！」と先手を打って派手なリアクションをしてくれました。もちろん、これも演技です。私が「まだ何も言っていませんが……」と返すと、さも、いま気づきましたという素振りで「おお、そうだった。先走りすぎた。じゃあ、報告をしてくれ」と話を聞く姿勢になってくれたのです。

どちらの場面でも、私はすごく救われた気持ちになりました。私は「悪い報告をして、上司に怒られるんじゃないか」と緊張していたし、不安でいっぱいでした。しかし、上司がジョークを交えながらリラックスした態度を見せてくれたおかげで、こちらも余計な緊張や不安から解放された状態で報告をすることができたのです。

悪い報告を聞くときこそ、あえてジョークを投げかけて、場を和ませる。これも「社員のため」の行動であり、悪い報告が自分のもとに届きやすい環境をつくるためのテクニックなのです。

悪い数字の「裏」を読み解く

社員から悪い報告を聞いたとき、できるだけ迅速に対応しなければなりません。ただし、それは「報告の内容をちゃんと吟味したうえで」という前提条件付きです。

報告を受けて、深く考えることなく、「それは大変だ！　すぐに何とかしろ！」と条件反射のように動くのは、必ずしも冷静な対応とは言えません。むしろ「動きすぎ」に陥ってしまう可能性が高い。

社員から見れば「悪い」状況でも、俯瞰的な視点でよくよく見てみれば、実は「悪くない」ことだって十分にあり得ます。悪い報告に対して、「すぐに動かなければならないのか」それとも「動く必要はないのか」、もし動くとしたら「どのように動くのがもっとも効率的か」などのことは、動く前に考えなければなりません。

ここでは「悪い数字の『裏』を読む」という観点から、悪い報告への適切な対応方法を考えていければと思います。


たとえば、「今月の売上げが落ちている」と悪い報告を受けたとします。売上げは会社の業務のパフォーマンスを示す重要な指標のひとつですから、それが落ちているとなれば、当然「大変だ！　何とかしなければ！」となるでしょう。でも、ちょっと待ってください。数字は事実のある一面しか表していません。仮に数字が悪いからといって、業務のすべてが悪い状況になっているとは限りません。それゆえ、悪い数字の「裏」を読み解く必要が出てくるのです。


裏を読み解く方法はいろいろあります。

たとえば売上げが落ちているとしたら、その中身を深掘りしてみます。小売りであれば、売上げは「客単価」と「来店者数」の掛け算になります。そのどちらが下がっているのかを見れば、売上げ減の背景が明らかになってきます。また、それぞれの要素について過去数か月のトレンドを見ることで、それが一過性のものかどうかを判断できます。

売上げが下がっているからといって、売上げづくりのための小手先の施策を強要すると、現場で働く人たちのモチベーションに水を差してしまいます。ある企業で、売上げの落ち込みを回復させるために、社長の思いつきで従来の商品群とまったく親和性のない商品をレジ前に置くことが強要されました。結果は散々。現場では誰も積極的にその商品を売ろうとせず、結果として不良在庫の山を積み上げることになってしまいました。それよりも、前述のような分析手法を共有して、現場で改善策を立案実行してもらう方が必ず次につながります。

利益が落ちているとしたら、裏を読み解くには、売上げが足りないのか、経費のかけすぎなのか、この判断から始めます。経費のかけすぎだとしたら、経費のリターンの確かさを判断するための情報収集をします。リターンが見えにくいものについても「損して得を取る」というやり方もありますので慎重に対処することが大事です。

「損して得を取る」ということでは、私がマーサーの役員時代に企画した『10年後の人事を考える会』というフォーラムを思い出します。

このフォーラムの目的は、外資系を中心とするさまざまな企業から人事担当者を集めて、人事に関する三日間の勉強会を実施することでした。参加費用は、会場費や宿泊費などの実費のみ。特に会社の儲けは考えず、私を含めた何人かの社員が動いていたため、人件費の持ち出しがありました。それゆえ、実施後には会社から「そんな儲からないフォーラムをやるよりも、売上げに直接的につながるコンサルティングをやるべきだ」という批判を受けました。

確かにそのフォーラムだけを単体で見れば、実施しただけで何のリターンもなく、会社にとってはマイナスになります。ただ、フォーラムを開催したことで多くの企業の人事担当者と信頼関係を築くことができて、のちに彼らからのコンサルティング依頼を受けることになりました。まさに「損して得を取る」を実践できたわけです。

リターンが見えにくいと、社長はつい「利益が落ちている」と表面的なことだけを指摘して、社員を責め立てたり、ああだこうだと文句を言ったりしてしまいます。しかし、そうした社長の言動が、社員のモチベーションに水を差し、未来の得を失うことにもなりかねません。

だからこそ、数字の「裏」をしっかりと読まなければならないのです。

その場しのぎをやめる

悪い報告を聞いたあとの対応について、注意点をもうひとつ。すぐにでも手を打たなければならなくなったとき、「その場しのぎをしてはいけない」ということです。

業績の悪化など経営的に厳しい状況に直面した場合、社長は当然、金融機関や出資者から「どうなっているんだ！」「何とかしろ！」と責められるでしょう。そのとき、できもしないことをできると言って、とりあえずその場をしのごうとしてはいけません。あるいは、社員から賃上げや労働条件の改善などの要求をされたとき、いい顔をしたいがために、何も考えずに彼らの要求を受け入れてしまうのもよくありません。

その場を取り繕う言動は、「とりあえず、いまを乗り切れば……」という安易な短絡的発想から出たものであり、問題の先送り以外の何物でもないからです。その場をしのいだところで、必ずあとでしっぺ返しを食らうことになります。

その場しのぎの対応をしたために、会社の状況がかえって悪化してしまった例として、あるEコマースの会社での出来事をお話ししましょう。

幹部を集めた全体会議で、ある事業を継続するか否かが議題に挙がりました。その事業は会社にとって重要なものでしたが、業績を上げることができず、会議でも「もうやめた方がいいだろう」という中止派と、「もうちょっと様子を見よう」という継続派の双方の意見が出て、なかなか結論がまとまりませんでした。そのため、最終的な判断は社長に一任されることに。社長が出した結論は「事業は継続。しかし、担当者は代える」というものでした。

しかし、大きな問題がひとつありました。それは、その事業担当が親会社からの出向者だったことです。出向者の人事は、本来は親会社の意向も聞いたうえで決めるのが常識です。しかし社長は、「すぐに手を打たなければ」「会議を何とかまとめなければ」という目先のことばかりにとらわれて、親会社の意向を確認するというもっとも重要なプロセスは「まあ、事後承諾で何とかなるだろう」と飛ばしてしまったのです。これも「問題の先送り」「その場しのぎ」にほかなりません。

案の定、親会社からは出向者を担当から外してはいけないとの指示が来ました。その後数か月は、出向者が担当を外れるのか、それとも残るのか、うやむやのままで過ぎていきました。社内が混乱したのは言うまでもありません。その出向者が事業を好転させるための施策を実行しようとしても、部下の社員たちは「どうせ、この人は辞める人でしょ」と思うから動かないし、「上はいったい何を考えているんだ?」と疑心暗鬼になるしで、組織としてまったく機能しなくなってしまったのです。

悪い報告を聞いたあとの動き方については、「法則2」の「悪い情報こそ社員に伝える」の項で詳しく述べているので、そちらを参照していただければと思います。

ポイントは、ここでもやはり「自分のため」ではなく、「社員のため」を考えて動くことです。

その場しのぎの行動を起こしてしまう社長は、たいてい「自分の身を守りたい」「自分の立場を正当化したい」と自分の保身ばかり考えています。しかし、「社員のために、自分はいま何をするべきか」を第一に考えれば、おのずと自分本位のその場しのぎの行動ではなくなり、社員のために長期的な視点に立った行動ができるはずです。そうなって初めて、その場しのぎではない、本当の意味での問題解決に進んでいくことができるのです。

法則
5
できない社員には、できるための支援を

できない人間はいない

私には、一五年近く会社の経営者やアドバイザーを務めてきた経験から培われた、揺るぎないひとつの信念があります。

それは「できない人間はいない」ということです。

そもそも、人間ができること（＝可能性）にはそれほど個人差はないと思っています。確かに、英語が話せるとか、専門技術を持っているとか、創造力や決断力に優れているとか、個々のスキルはさまざまな要素で構成されています。ただ、それらの要素は仕事をするためのパーツにすぎません。

仕事をするうえでもっとも大切なのは、目的意識や問題意識があり、目的の達成や問題の解決のために何が必要かを考えて、その必要なことを一つひとつ着実に実行に移すことができる気持ちの部分です。そのための資質は、人間誰もが持っています。目的達成や問題解決に向かっていく気持ちさえ十分にあれば、パーツはあとからいくらでも身につけられます。

問題は、そんな気持ちのスイッチを入れられるかどうか。どんな環境にあっても自分でスイッチを入れることができれば、それに越したことはありません。しかし、すべての人がそのようにできるわけではなく、やはり周りからの支援は不可欠です。的確な支援ができれば、人はたちまち「できる」ようになります。


そのことをもっとも強く実感したのは、キャドセンターの再建に関わったときです。

キャドセンターの社員は大部分がクリエーターで、ＣＧコンテンツなどを製作する技術力はみな優れているのですが、ことビジネスに関する一般常識や会社経営に関する知識となると平均以下でした。加えて、会社が経営破綻したこともあり、モチベーションは著しく低下していました。

私はまず、経営破綻時の幹部の人たちに会社を辞めていただき、代わりに現場の社員の数名を一気に一ランク、二ランク上の立場に昇格させました。権限を委譲し、仕事へのモチベーションを上げてもらうためです。そのうえで毎月のように「柴田塾」なる社内研修会を実施して、私自身が講師となり、会社の財務や資金繰りの基本的な考え方、契約書の交わし方などを教えたり、特定のテーマを与えてプレゼンテーションをしてもらうワークショップを行ないました。と同時に、こうした会社経営に関する基本事項を身につけてもらわないと、日々の案件を動かすことができず、あなたたちの給料も払えなくなると口を酸っぱくして説明をしました。

結果、経営の知識もノウハウもなかった技術者集団でも、一四か月で会社を再生させることができたのです。

社員が「できる」ようになるには、まず「動機づけ」が必要です。次に、「必要なスキルを学ぶ機会」を提供する。キャドセンターのときは私自身が教える立場になりましたが、誰かほかの人に教育係をお願いしてもいいでしょう。業務の目標や手順をわかりやすく「説明」してあげることも大切です。いざ社員が現場で動き出したら、ほかの社員や仕事との相性を注意深く見てやり、「働きやすい環境」を整えてあげる必要もあります。こうした諸々の支援があってこそ、「できない社員」は「できる社員」に変わっていくのです。

多くの会社では、社長がそうした動機づけや説明などの支援を十分に行なわずに社員に仕事をさせて、結果うまくいかなかったら、「お前はできない社員だ」と決めつけているケースが頻繁に見られます。

ご自身の日ごろの振る舞いをぜひ振り返ってみてください。

社員に対して「とりあえず、これやっておいて」と曖昧な指示を出していませんか？　社員の現状を考慮せず、スキルに合わない仕事をさせていませんか？　仕事ができないからといって怒鳴ったり、ダメ出しばかりしていませんか？　社員にスキルを高める場を提供していますか？

支援がないままに仕事をやらされれば、できないのは当たり前です。にもかかわらず、「お前はヤル気が足りない、勉強が足りない」とダメ出しをされる。社員は、そんな環境では仕事をしたいとも思わないし、どれだけがんばってもできるようにはなりません。業績が低迷していたり、何をやってもうまくいかない会社には、往往にしてこうした「できない人間をつくり出すメカニズム」が働いています。

仕事ができないからといって、みんながみんな、ヤル気がなかったり、努力が足りないわけではありません。むしろ、自分の会社を悪くしよう、足を引っ張ろうと思っている人はいないはずです。「仕事をがんばりたい」「会社に貢献したい」という気持ちに強弱の差はあるかもしれませんが、「がんばりたくない」「貢献したくない」「会社をダメにしたい」という人は絶対にいないと私は信じています。

もし仕事ができない社員がいたら、その社員を責める前に、まずは「できない仕事をさせているんじゃないか」「彼（彼女）ができるようになる環境を提供できていないのではないか」と自分自身に問い直してください。

社員の前向きな気持ちをしっかりと汲みとり、育て、活かしてあげる。それこそ、会社のトップである社長の何よりの仕事なのです。

できる社員の三つの条件

社長がよくやりがちなのは、何も教えもせず、説明もしないで、社員に「やれ」と指示を出すことです。言うまでもありませんが、そんな環境で仕事ができるわけがありません。

社長自身はもしかしたらすごく優秀で、何ごとも自分で考えてできるし、「一つのことを言われれば、一〇のことができる」タイプなのかもしれません。しかし、普通の人はそうではないのです。『一』を言われれば、『一』ができる」が平均で、中には『一』を言っても、その『一』ができるかどうか……」という人だっているでしょう。

仕事をするために必要な知識や経験がないにもかかわらず、結果を求めるのは無理な話です。特に新卒や異動したばかりの社員は、そもそもその仕事をするための能力がまったく身についていないので、時間をかけてある程度インプットしなければ仕事ができるようにはなりません。

　私は常々、「できない社員」を「できる社員」にするには、三つの条件があると考えています。

「心の持ちよう」

「ポータブルスキル」

「特定スキル」

　です。

「心の持ちよう」は、動機、モチベーションのことです。この仕事をしたい。もっと成長したい。そう強く思う気持ちがあるかどうか。「法則2」で述べたように「モチベーションは自律的なもの」ですが、周りの人間がどう振る舞い、どんな言葉をかけるかによって、高まったり、逆に下がったりします。社員の心の持ちようを「動きたい」「働きたい」「成長したい」にどう持っていくかは本書のメインテーマであり、それについてずっとお話ししているのですが、この「法則5」では「人と人、人と仕事をどう組み合わせ、配置していけば動機づけにつながるか」をお話しします。

「ポータブルスキル」とは、業種・職種の垣根を越えて、どんな仕事や職場でも活用できる汎用性の高いスキルのことです。先述のキャドセンターの事例で言えば、私が「柴田塾」で社員たちに教えた、会社の財務や資金繰りの基本的な考え方、契約書の交わし方、効果的なプレゼンテーションの方法などはすべてポータブルスキルに当たります。

「特定スキル」は、その会社のその仕事をするために必要なスキルや経験のことです。同じくキャドセンターの事例で言えば、同社の技術系社員にとっての特定スキルは、CGコンテンツをデザインしたり、製作する技術になります。ポータブルスキルと異なり、特定スキルは業種・職種に限定されるので、同じキャドセンターでも事務系社員にはその特定スキルが、別業種の会社の社員にはその特定スキルが必要となります。

これら三つの条件はそれぞれ個別に働くというよりも、モチベーションが高いとポータブルスキルや特定スキルの習得が劇的に伸びたり、ポータブルスキルが土台となって特定スキルの習熟を早くしたりと、社員の「できる」化に相互に影響を与えています。

ポータブルスキルを鍛えてやる

ここでは、特に見逃されがちなポータブルスキルの重要性について解説をしていきます。
ポータブルスキルという概念は、経済産業省が平成一八年に提唱した「社会人基礎力」がもとになっています。社会人基礎力とは「職場や地域社会で多様な人々と仕事をしていくために必要な基礎的な力」として定義され、三つの能力(一二の能力要素)で構成されます。

一つ目は「前に踏み出す力(アクション)」で、「主体性」「働きかけ力」「実行力」が能力要素になります。二つ目は「考え抜く力(シンキング)」で、能力要素は「課題発見力」「計画力」「創造力」。三つ目は「チームで働く力(チームワーク)」で、能力要素は「発信力」「傾聴力」「柔軟性」「情況把握力」「規律性」「ストレスコントロール力」です。

この社会人基礎力に、読み、書き、算盤、基礎ＩＴスキルなどの「基礎学力」を加えたものが、ポータブルスキルだと考えればいいでしょう。

読み、書き、算盤をもう少し具体的に言えば、「読み、書き」とは情報を収集・整理して、その内容をわかりやすく文章にまとめたり、口頭で説明するためのスキル。「算盤」は、売上げ、経費、利益など会社のお金の流れがどうなっているかを把握するためのスキルです。

会社が社員に技術や知識を教えて育てようというとき、特定スキルばかりを集中的に鍛えて、ポータブルスキルの育成が抜けていることがよくあります。特に大きな企業の場合はその傾向が顕著です。確かに特定スキルはその会社の業務のパフォーマンスに直結しますから、社員の特定スキルを鍛えておけば、業務の効率が向上して業績も上がるでしょう。

しかし、特定スキルの育成に偏り、ポータブルスキルの育成を放置するのは、会社の経営にとっても社員本人にとっても非常にリスキーです。

特定スキルは、時の経過とともに技術や流行が変化することで陳腐化して、まったく応用が利かなくなってしまうリスクがあります。大企業であれば、社員の数の多さを頼みにして特定スキルの陳腐化に対応することは十分にできます。ところが、中小企業の場合は数少ない社員の特定スキルの陳腐化は死活問題です。また、陳腐化した特定スキルしか持たない社員は、もはや「どこに行っても使えない（できない）人」となってしまい、活躍のチャンスを完全に失ってしまいます。

しかし、ポータブルスキルがトレーニングできていれば、仮に時代の趨勢によって特定スキルが陳腐化しても、文字どおり「持ち運び可能」なポータブルスキルを土台にして新たな仕事に就いても、特定スキルを学び直し、新たな仕事のパフォーマンスを上げていくことができます。会社は再び業績を上げることができ、社員は再び活躍の場を得られるのです。

ポータブルスキルと特定スキルの関係は、コンピュータで言えばOSとアプリケーションの関係に似ています。

コンピュータは、高性能なOSを搭載してこそ、文書作成ソフトや表計算ソフトで作業をしたり、音楽や映像を快適な環境で楽しんだりと、さまざまなアプリケーションのパフォーマンスが向上します。古いOSを使っていると、いかに最新版のアプリケーションをインストールしてもスムーズに動かないし、そもそもインストールすることさえできない場合もあります。

同じように、会社の業務の遂行するためには特定スキル（＝アプリケーション）を習得しなければなりませんが、その特定スキルを効率的に動かして、パフォーマンスを上げるには、優れたポータブルスキル（＝OS）が不可欠なのです。また、特定スキルをバージョンアップさせたければ、ＯＳであるポータブルスキルもバージョンアップさせなければなりません。ポータブルスキルが高ければ、複数の特定スキルを同時にインストールすることもできます。

会社のためにも、社員のためにも、社長は社員のポータブルスキルを鍛えてやる必要があるのです。

ポータブルスキルを鍛えるためには、身近なところでは「社員が書いた文章に赤を入れる」「テーマを与えてプレゼンテーションさせて、よりよくなるための改善点を伝える」などがあります。

キャドセンターの再建では私自身が研修を企画しましたが、社内に教育担当に適した人材がいなければ、ＯＦＦ-ＪＴ（職場外訓練）として文章講座やプレゼンテーション講座、財務講座などの各種研修を受講させるのもありだと思います。実際、ＯＪＴ（職場内訓練）とＯＦＦ-ＪＴの両輪でトレーニングをした方が効率的だし、効果も出やすいと言えます。

なお、人的・資金的に余裕のある大企業であれば、社員に職場外訓練を積極的に受けさせることができますが、中小企業だとなかなかそのようにはいかないかもしれません。その場合は「ポータブルスキルを鍛えなければならない」という目標を社員に与えて、日ごろの仕事でもポータブルスキルを意識させるようにすればいいでしょう。

配置と組み合わせで、社員は「できる」ように

特定スキルも、ポータブルスキルも十分に備わっている。にもかかわらず、仕事ができない社員もいます。そんな社員に、さらなるスキル向上の支援をしてもあまり意味はありません。能力不足以外の原因で、「できない」状態から抜け出せなくなっている可能性があるからです。

では、別の原因とは何か？　もっとも多いのが「配置や組み合わせのミス」です。「できない」社員は、部署を変えたり、上司や同僚との組み合わせを変えることで途端に「できる」ようになることがあります。

配置と組み合わせの変更がうまくいった事例として、カルチュア・コンビニエンス・クラブ（ＣＣＣ）時代のことをお話ししましょう。

ＣＣＣが運営するＴＳＵＴＡＹＡには直営店舗とフランチャイズ店舗があり、私が同社

のＣＯＯを務めていたとき、直営店の業績がよくないという課題が上がってきました。そこで私が採った対策が、フランチャイズ店と直営店のエリアマネージャーを入れ替えることでした。

直営店はエリアマネージャー、店長ともに社員同士で運営されています。そのため、互いにどこかで甘えや慣れが生じてしまい、解決すべき課題があってもうやむやにしたり、先送りにしたりして、業績の悪化につながっていました。一方、フランチャイズ店は、エリアマネージャーはＣＣＣの社員ですが、店長はフランチャイジー会社の社長もしくは社員、つまりＣＣＣにとってはお客様です。営業のアドバイスをするエリアマネージャーとしては、無論甘えや慣れなんてことは許されません。担当する一店一店の利益向上のために緊張感を持って仕事に臨んでいたはずです。その緊張感を直営店にも注いでもらいたいと考えたのです。

この配置換えは見事に的中しました。フランチャイズ店のエリアマネージャーに直営店を見てもらうことで、店舗運営が改善されて業績も回復していったのです。

一方、直営店のエリアマネージャーにはフランチャイズ店を担当してもらったのですが、こちらにもよい変化がありました。通常、一人のエリアマネージャーが担当する店舗数は、直営店だと一人当たり数店舗ですが、フランチャイズ店では十数店舗見なければなりません。数が増える分、見る深さは変わりますが、それでも動き方や見方を工夫しなければ、十数店舗を担当するのは困難です。そうした新たな課題を与えることで、それまで直営店担当という慣れ親しんだ環境で成長が止まっていた直営店のエリアマネージャーの店舗運営スキルを高めることができたのです。

同じような配置換えは、他社でも行ないました。その会社でもエリアマネージャーが一定の地区の店舗を担当する方式だったので、たとえば東京A地区担当のエリアマネージャーを東京B地区担当にして、東京B地区の担当者を神奈川地区担当に、神奈川地区担当を東京A地区担当に、と定期的に配置をずらしていったのです。同じエリアマネージャーが同じ地区を長期間にわたって担当していると、どうしても慣れが生じてしまいます。しかし、定期的に担当者と担当地区を変えることで、エリアマネージャーと各店の店長の間にはいい意味での緊張感が生まれ、結果として不良在庫が減るなどの成果が出ました。

ただし、右のような事例はそれなりの規模の会社だからこそできることであり、中小企業の場合は、そもそも自由に配置換えをする人的余裕のない会社がほとんどだと思います。いくら現場の課長と社員との反りが合わず仕事のパフォーマンスが上がらないとしても、現課長を別部署に異動させて、新たな課長をほかのところから引っ張ってくることもできない……。では、どうするか？

社長がまずやるべきは双方の話をしっかりと聞くことです。

人と人との組み合わせの問題は、短絡的に「どちらがよくて、どちらが悪い」的な結論を出して動いてしまうと、片方に遺恨を残す可能性があります。ですので、まずは双方の言い分をそれぞれ聞き、そのうえで両者の対話の場を設けて、お互いの考え方や振る舞いを理解し合うように働きかけていくのが最善の策だと思います。その際、社長は単に「まあ、まあ、仲よくやってくれ」と仲介するだけではなく、会社の事業戦略――たとえば、短期的な売上げを狙いにいくのか、それとも数年先を見込んで事業やチームを育てていくのか――を説明し、その事業戦略に基づいて「会社としては○○をしたいから、申し訳ないが、Aさんには△△してほしい。その代わり、Bさんには□□については受け入れてほしい」などと双方に歩み寄りを促し、関係性の修復を目指す。社長がちゃんと説明をすれば、社員も納得してくれ、それぞれ考え方や振る舞いを改めてくれるはずです。

もしそこまでやっても両者の折り合いがつかなければ、どちらかを異動させるしかありません。悪い関係性をそのまま放っておけば、事業のパフォーマンスはどんどん低下しますし、何より本人たちにとってもいい影響はないからです。

人的制約があり、同じ職種への異動が難しければ、社内のほかの部署の仕事をやってもらうという選択肢があります。それまで営業だった人に経理をやってもらったり、広報だった人に営業をやってもらうのは大変かもしれませんが、一定のトレーニング期間を設ければ十分に対応可能だと思います。取引先や親しい会社の社長と相談して、出向や派遣をする方法もあります。

異動させるのは心苦しいかもしれません。社員から不満の声が上がらないとも限りません。しかし、何よりも大事なことは、配置や組み合わせのミスによってパフォーマンスが上がらない社員を再び輝かせることです。「異動は本人（社員）のため」であることを言葉を尽くして説明し、理解してもらう努力をしなければなりません。

「プレーヤー」か、「マネージャー」か、見極める

配置と組み合わせについては、人と人との関係性はもちろん、人と仕事との関係性も忘れてはいけません。要するに、社員の資質やスキルと仕事との相性です。

合わない仕事を任されれば、その社員は思うような成果を出すことができません。もちろん、常にその人にとって理想の仕事を任せることは現実的に困難ですし、合わない仕事を任されたとしても当人の努力によって知識や技術を蓄積して適応してもらう必要はありますが、社長はできる限り「その人の資質やスキルが最大限発揮できる仕事」を任せるべきです。その方が社員のモチベーションやパフォーマンスは上がるし、結果として会社の業績アップにもつながります。

社員と仕事との組み合わせには多種多様なパターンがありますが、ここではもっとも代表的な「プレーヤー」と「マネージャー」という観点から考えていきましょう。

社員のタイプは大きく二つ、「自分でやるのが得意な人」か、「人にやってもらうのが得意な人」か、に分類できます。前者がプレーヤータイプであり、後者はマネージャータイプです。さらに詳しく分析をすれば、プレーヤーにも「完全に自己完結でやる人」もいれば、「周りの人を巻き込みながらやる人」もいて、周りの人を巻き込めるプレーヤーはリーダーになりやすい、などの話もありますが、ここでは省略します。

プレーヤーは何ごとも自ら率先して動きます。一方、マネージャーは自分が動くのではなく、周りの人を動かすことによって成果を出します。両者の働き方のスタイルは真逆なのです。

にもかかわらず、多くの会社では、個として優れた成果を出して評価されたプレーヤータイプの社員に、立場が上になるにつれてマネージャーとしての仕事を任せるようになります。その結果、切り替えができずに停滞してしまうプレーヤータイプの社員を、私はこれまで数多く見てきました。

プレーヤータイプの社員に対しては、どれだけ実績を上げて社内の立場が上になっても、どんどん一人でやらせた方が、会社にとっても本人にとってもプラスに働きます。それゆえ、常にプレーヤーとして輝ける場所を与えてあげるようにしてください。人の面倒を見るようなマネージャー的仕事はさせる必要はありません。そんなことをしたら、パフォーマンスが落ちるだけ。会社の人的資源の無駄遣いです。

逆に、自分のことはさておいて周りの人の面倒を見たり、世話を焼くことができるマネージャータイプの社員には、早い段階からチームを任せた方がいいでしょう。まだ若く経験が少ないうちは、大勢の部下や大きな仕事を任せることはできませんが、後輩社員数人とチームを組ませたりして、常に誰かと一緒の環境をつくってあげるとマネージャーとしての資質を磨いていけるはずです。

社員がプレーヤータイプなのか、マネージャータイプなのかを見極めるための、もっともわかりやすい指標は「仕事の結果に関心が強いか？　人や組織に対する関心が強いか？」です。

人や組織に関心を持つよりも、とにかく仕事の結果重視で行動的な人は、やはりプレーヤータイプだと言えるでしょう。周りの人にまったく無関心なわけではありませんが、周りに依存することなく、個の知識と経験を駆使して問題解決に向かっていきます。

一方、人や組織に強い関心を持ち、こまめに周りの人の世話をしたり、チームをまとめるために自らは謙虚な態度で調整役を担っている人は、マネージャータイプだと言えるでしょう。

「仕事の結果への関心」も「人や組織への関心」も、どちらも会社員として当然備えておくべき資質であり、「どちらかが一〇〇で、どちらかがゼロ」という極端に偏っている人はまずいないと思います。ですので、「比較的どちらの資質が強いか？」を見ることで、タイプを見極めるようにするといいでしょう。

ときには「手取り足取り」も必要

本人の能力不足以外でできない理由として、もうひとつ「発注者のアウトプットのイメージが伝わっていない」ことが挙げられます。

アウトプットのイメージとは、その仕事が目指すゴールであり、ゴールを達成するためにやるべき個々のタスクです。アウトプットのイメージがなければ、当人にいくらスキルがあってもその使い方がわからないし、そもそも何をすればいいのかもわからないはずです。

つい最近も、ＩｎｄｉｇｏＢｌｕｅでイベントを行なった際、イベントそのものは大成功だったのですが、ロジスティック面でさまざまな不備が目立ちました。しかも、その不備のほとんどが、私にとっては「なんで?」というものばかり。一階のエントランスに案内の看板が出ていない。マイクの本数が足りない。全体を見るべき人間が、誰にでもできる些細な用事で現場を離れる。どれも「そんなこと、言わなくてもわかるだろう」ということができていなかったのです。

かといって、社員たちはサボっていたわけでも、スキルが足りないわけでもありません。事前の準備はすごく一生懸命に時間をかけてやっていたし、イベントの内容自体には何も問題はなく、むしろ参加者はみな満足して帰っていきました。ところが、右のように部分的に的外れなことをしたり、基本的なことが抜け落ちたりしている。イベント後、私は「なぜ、彼らはできなかったんだろう?」と考えました。

結局、行き着いた結論は、彼らはそもそも「やるべきことが、わかっていなかった（＝アウトプットのイメージが十分ではなかった）」のであり、わかっていなければ私が「もっとちゃんと伝えるべきだった」のです。

ロジスティックに関するいくつかについて、私は「言わなくてもわかるだろう」「常識だろう」と考えて、社員に特に指示を出しませんでした。しかし、「法則1」でも述べたように、こちらが見ているもの（＝私の常識）と社員が見ているもの（＝社員の常識）は必ずしも一致しません。「なんで、そんな当たり前のことができないんだ!」とダメ出しする社長のほとんどが、きっと自分の常識は、相手にとっても常識だと思い込んでいるのです。しかし、現実には「社長の常識＝社員の常識」となるのは稀です。

発注者（社長）のアウトプットのイメージが伝わらない理由は、受注者（社員）側の受け止め力（理解力）の不足もありますが、多くは社長が丁寧に伝えていないのがその原因です。「言わなくてもわかるだろう」と思って指示をしていない、もしくは指示を出しても曖昧な言い方をしているがために、社員のデキが悪くなる。前述のイベントもそうでした。

アウトプットのイメージを共有する前に仕事を任せても、こちらが思うような成果は出てこないし、できなかったときに「なぜ、お前はできないんだ！」「もっとがんばれ！」と叱咤激励しても、「できる」ようにはなりません。なぜなら、そもそもやるべきことが見えていないからです。見えていない人にどれだけ注意をしても、その言葉は相手の心には響きません。表向きは「すみませんでした」「次から気をつけます」と反省している様子を見せるかもしれませんが、内心は「社長はなんで怒っているんだ？」と思っているでしょう。

アウトプットのイメージが共有できていないのであれば、まずはそこから始めなければなりません。一回言ってわからなければ、二回でも三回でも言う。相手が理解するまで、丁寧に噛み砕き、手取り足取り説明・指導しない限り、やるべきことは見えてきません。

そこで思い出されるのが、旧日本海軍連合艦隊司令長官・山本五十六の名言です。

「やってみせ　言って聞かせて　させてみて　ほめてやらねば　人は動かじ
話し合い　耳を傾け　承認し　任せてやらねば　人は育たず
やっている　姿を感謝で見守って　信頼せねば　人は実らず」

まさにこの言葉どおりだと思います。

「手取り足取り」というと、マイクロマネジメントを連想するかもしれません。しかし、自分が気になっている点、こだわりを発注（依頼）時に丁寧に説明するのはマイクロマネジメントではありません。四六時中、監視し報告を求める。これだと担当者が信頼されていないと感じ、モチベーションの低下につながります。これこそ問題視されるマイクロマネジメントであり、社長の「動きすぎ」です。発注内容を丁寧に話して指導したら、その後は任せればいいのです。

嚙み砕き、手取り足取り説明・指導するのは、確かに時間も手間もかかります。多忙な社長にとっては面倒だと感じるかもしれません。しかし繰り返し言っているように、社員のために時間を使うことこそ、社長の仕事なのです。

アウトプットのイメージは、手取り足取り、丁寧に伝える。社長がそんな地道なことをやってこそ、社員は「できる」ようになるのです。

社員に寄り添い、「できる」を探す

ここまで、できない社員を「できる」ようにするための環境づくりの方法について、お話ししてきました。ポイントは、動機づけであり、スキルを学ぶ場の提供であり、配置と組み合わせであり、丁寧な説明です。

最後に、すべてに共通する注意点をひとつお伝えします。それは「上から目線でやってはいけない」ということです。

会社における社長の存在は、大げさに聞こえるかもしれませんが、神様みたいなものです。特にオーナー企業ではその傾向が強い。そんな神様のような社長から「どう見られているか？」は、社員にとって非常に大きな関心事です。もし社長から「お前はデキの悪い社員だ」と酷評されようものなら、その社員は精神的にかなりダウンし、できることもできなくなったりして、ネガティブスパイラルに陥ってしまいます。

そんな不安定な精神状態だと、社長としてはその社員のためにポジティブな動きをしているつもりなのに、社員には「仕事ができないから異動させられた」「研修ばかりやらされる」などとネガティブにとられてしまい、最悪の場合は会社を辞められたり、恨みを持たれたりします。

そのため、上から目線で「(できるようになるために)あれをやれ、これをやれ」と指示を出すのではなく、「横に寄り添い、本人とともに『できる』を探す」くらいの姿勢で、コミュニケーションを密に取っていく必要があります。

「あなたを人格的に否定しているつもりはない。むしろ、人間的には好きである」

「いまの仕事から外すのは、『できない』から外すのではない。『合っていない』から外すのであって、これから『できる』仕事を探していこう」

「私は、あなたにもっと活躍してほしい、輝いてほしいと思っている。だから、異動や研修をさせるのだ」

こうした言葉を直接伝えて、社員に理解してもらうところから、支援を始めた方がいいでしょう。

私がなぜ「社員の横に寄り添うこと」を重視するのかと言えば、過去にこの横に寄り添うコミュニケーションをしなかったがゆえに、大切な人材を失うという悔しい思いをした経験があるからです。

マーサー時代のことです。組織人事開発部門にすごく優秀な社員がいました。私は「彼にはもっと大きな仕事ができるはずだ」「その才能を伸ばす場を提供することこそ、社長である私の仕事だ」と考えて、まったく畑違いの退職金部門の責任者に異動させました。私としては「彼のためを思って」の人事でした。しかし彼自身は、その異動を左遷と認識して、その半年後くらいに会社を辞めてしまったのです。

痛恨の極みとは、まさにこういうことを言うのでしょう。最大の失敗は、私が自分の思いをすべて伝えなかったことです。彼に異動を伝えるとき、私は「あそこの部門が厳しいから、ぜひ立て直してくれ」とごく普通の辞令にしてしまいました。あのとき、彼の思いに寄り添いながら、もうちょっと腹を割って互いに話をしていれば、結果は違っていただろうと思います。

彼のような優秀な社員でも、こちらがちゃんと説明をしなければ思いは伝わらないし、異動はショックな出来事だったのです。ましてや相手が、仕事がうまくいっておらず、精神的にダウンしている社員であれば、相当に慎重なコミュニケーションを取らなければなりません。社員にそこまで気を遣う必要があるのかと疑問に思う人もいるかもしれませんが、社員のため、ひいては会社のためを考えればやるべきだと私は思います。

人は、うまくいっていないとき、「一〇を言われても、一しか進めない」状態になったりします。傍から見れば、サボっている、スキルや努力が足りない、と感じるかもしれません。でも、そんな社員にも必ず輝いていたときがあったはずです。水を得た魚のように、「一を言えば、自分で二も三も、ときには一〇も動いた」ときが。

もし自社の社員が「できないモード」に陥っていたら、「お前、何やっているんだ！」「もっとちゃんとやれ！」と怒鳴ったり、ダメ出ししてはいけません。

「私は君に期待して、採用した」

「できていたころの君の姿を、私は知っている」

「君が自分の力を発揮するために、私にどういう手助けができるか教えてくれ」

と伝えて、寄り添いながら、ともに「できる」を探してあげることが大切だと思います。

探すとは、文字どおり、社内での配置や組み合わせを変えたりして「できる仕事を探すこと」のほか、本人と対話をして輝いていたときのイメージを「気づかせてあげること」、研修会などを企画して「導いてあげること」なども含まれます。

社長自ら一人ひとりの社員に対してそうしたきめ細やかな支援をするのは、少人数の中小企業であるならば必ずできます。また、大きな企業の場合でも、日ごろは直属の上司や人事部に任せたとしても、ここぞというときは社長が出ていけば効果はてきめんだと思います。

そこまでの支援をして、もし社員が輝けなかったら、それはトップの力不足か、採用のミスです。そのときは「社員が活躍できる場を、自分や会社は提供できなかった」と考えて、その社員が輝けそうな会社を必死に探し、転職支援をする。

社員の支援とは、そのくらい徹底して真剣に行なうべきなのです。

法則 6

何かを始めたら、何かをやめる

「集団皿回し」に陥っていないか？

いま、日本の多くの会社が「集団皿回し」状態に陥っています。

集団皿回しとは、情報端末やインターネット環境などの情報技術の急激な進化と普及に伴い、あらゆる組織に蔓延した「病」です。

情報技術が進化したことで、世の中には合理化の動きが急速に広がりました。たとえば、従来は一〇人でやっていた仕事を、情報技術を駆使して八人でやってみようとする。この程度の合理化であれば、新たに手に入れた技術で十分にカバーできるので、何ら問題はありません。すると、次に「八人でもできるなら、七人ではどうか」となる。実際やってみると、すこし苦しい感じはするものの、一人当たりの仕事量を多少増やしたり、残業することでカバーはできる。本来なら、この「すこしがんばれば何とかなる」レベルで止めておくべきでした。

しかし、いったん加速しだした合理化の動きは止められず、「では、六人で」「もっと削って、五人ではどうか」と過度な合理化が進んでいく。いくら情報技術が進化したとしても、実際に動くのは人です。限界はあります。結果、社員全員が「自分の目の前の仕事をこなしていくので精一杯」という状態が恒常化してしまいます。これが集団皿回しです。

会社が集団皿回し状態に陥ると、さまざまな悪い現象が起こります。

ひとつは、社員たちは皿を回していても(=直近の仕事はしていても)口は開いているので、会社で何かやろうとなったとき、とりあえず「はい、わかりました」とは言う。しかし現状は目の前の仕事で手一杯なので、新規の仕事なんてできません。社内には放置される仕事が山のように溜まっていきます。

また、社員の一人が急病やトラブルを抱えて緊急事態に陥っても、ほかの人は自分のことで精一杯なのでサポートに行けません。緊急事態に陥った社員は孤立し、トラブルを解決できないばかりか、精神的に追い詰められて会社を辞めかねません。

みんながみんな手一杯ならば人を増やせばいいと、新規に社員やアルバイトスタッフを採用したとしても何の解決にもなりません。なぜなら、新しく入った人を教える人間がいないからです。教える人間がいなければ、使いものにならない中途半端な人材が増えるだけです。

現場の社員だけではどうしようもなくなれば、管理職も現場で皿を回しはじめます。そうなると最悪です。全体を見て適切な判断を行なう人が誰もいなくなり、もはや誰かが倒れるまで永遠に皿を回し続けることになってしまいます。

集団皿回しに陥ることなく、健全な会社経営を行なうには、トップである社長は次の三つの意思決定を明確に示さなければなりません。

「新たに始めること」

「継続すること」

「やめること」

この三つのバランスを考えて事業を取捨選択していかないと、すぐに経営は行き詰まります。特に「やめる」決断は重要です。

次項以降で詳しく話しますが、オーナー企業の社長は「新たに始めること」は積極的に行ないますが、新しいことばかりに気持ちが向いてしまい、既存事業を「やめる」か「続ける」かの決定を怠りがちです。その結果、現場の社員は「新しいことをやらないといけない」「でも、これまでやってきたことも継続しなければならない」と負担が倍増します。

また、一見「継続すべきこと」のように見えても、実は「やめた方がいいこと」もあります。

集団皿回し状態の会社では、どれだけスキルが高く、ヤル気のある社員でも動くことはできません。動きたくても、動けないのです。

社員に自発的に動いてもらいたいならば、何よりも回す皿の数を減らす、つまり仕事の絶対量を減らして、集団皿回し状態から脱する必要があります。

「始める」と「やめる」は常にセットに

集団皿回しを未然に防ぐためのもっとも効果的な方法は、何かを始めたら、何かをやめることです。ある仕事をプラスしたら、必ずほかでマイナスをする。そうすれば、仕事の総量は増えません。

しかし、多くの社長は、「始める」はできても、「やめる」ができない。だから、集団皿回しに陥ってしまうのです。

そもそも社長という生き物は、新しいことを始めるのが大好きです。「最近、話題になっているから」「将来性があるだろうから」「直感的に閃いたから」などと言って、新しい事業をやりたがります。これも社長の「動きすぎ」のひとつです。

社員たちは、こうした類の社長の動きすぎを「経営者のマイブーム」と揶揄します。表向きは社長の指示に従って働きながら、心の中では「いまの社長のマイブームは〇〇か」「いつまで続くことかわかったものじゃない」などと冷めた目で見ています。

そんなマイブームも、社員の過度な負担になったり、経営を傾かせることがなければ、好きにやればいいと思います。しかし、たいていは社内に悪影響を及ぼします。

その最たるは、社長の目がやりたいことばかりに向いてしまい、それまでやってきた既存事業への関心が著しく低下することです。

何か新しいことを始めるならば、代わりにほかの何かをやめなければなりません。しかし、社長はすでに既存事業への関心を失っているため、既存事業を「やめる・続ける」の判断を放置したまま、新規事業を「やれ」と現場に指示を出す。既存事業の中には、会社の業績に直結する「継続しなければならない事業」もある一方で、過去の社長のマイブームでやりっぱなしになっていること、明らかに業績が落ちていることなどの「やめてもいい事業」もあるはずです。しかし、社長からの「やめる」という決定がないので、社員はすべてをやりつづけなければならなくなってしまう。行き着く先は、言うまでもなく、集団皿回しです。

挙げ句の果てに、既存事業のことなどすっかり忘れている社長が、過剰な仕事を懸命にこなしている社員に対して、「まだ、そんなことやっているんだ」「とっくにやめていると思ったよ」などと暴言を吐く。当然、社員の心は離れます。

そんな事態にならないためにも、社長は「何かを始めたら、何かをやめる」ことを常に心がけなければなりません。「始める」と「やめる」はワンセットなのです。


新規事業を始めるときだけではなく、定期的に各事業を点検することも大切です。一つひとつの事業の内容や採算性を振り返り、「自分の関心が明らかに去っていること」「関心は去っているけど、続けた方がいいこと」「会社にとって必要でないこと」などに分類したうえで、やめた方がいいことはさっさとやめてしまうのです。

会社の資産や人的資源は限られていますから、事業の数が多ければ多いほど、ひとつの事業に投入できるお金や人は分散します。すべてが「やるべきこと」ならば仕方ありませんが、私の経験から言えば、どんな会社でも数ある事業の中に必ず「続ける必要のないこと」「やめてもいいこと」が含まれています。そこに限りある貴重な資産や人材を投入するのは、無駄以外の何ものでもないし、社員の負担を増やすだけです。

上場企業の場合、ＩＲ活動を通じて経営状況や財務状況、業績動向を株主に報告する義務があるため、その仕組みの中でおのずと各事業の点検を実施することができます。問題は、未上場のオーナー会社です。事業の見直しをする機会が仕組み化されているわけではないので、社長自身がよほど意識を高くして、自分自身で取り組まなければなりません。

とはいえ、現実は「言うは易し、行なうは難し」だと思います。これまで私が見てきた限り、ほとんどのオーナー企業の社長は、基本的に前へ前へと進んでいくことは得意なのですが、自分の関心が薄くなったことに時間を割いたり、エネルギーを注ぐことは苦手です。頭でわかっていても、身体が動かないのです。

なので、そこはすべてを一人でやろうとはせず、ぜひ「参謀」の力に頼ってください。信頼のできる社員を自分の身近に置き、その彼に定期的に会社の事業をチェックしてもらうのです。

私自身、これまでさまざまな会社で参謀役を務めてきました。

カルチュア・コンビニエンス・クラブでは、増田宗昭社長が圧倒的に前へ前への人だったので、ＣＯＯの私が参謀役として定期的に各事業をチェックしていました。「これは、やめましょう」「これは、どこかに売りましょう」という私の提案に対して、増田社長が「やめる・続ける」の最終判断をする。そんな二人三脚で事業全体のバランスをとっていたのです。

ほかにも、現在、未上場の二社の社外役員を務めているのですが、この両社でも図らず も参謀役になっています。私が入る以前は、どちらの会社も定期的に事業の点検を行なわず、仕事をフローでやっていました。しかし、私が毎月一回の経営会議に参加するようになり、「この事業はどうなっているの？」「まったく業績が上がってないけど、何か理由があるの？」などと素朴な疑問を遠慮なくぶつけるため、社長以下経営陣は経営会議前に事業の振り返りをせざるを得ない状況になっているのです。

とにかく、自分でやるにせよ、社員にやってもらうにせよ、集団皿回しに陥らないためには、事業の点検と「やめる・続ける」の判断を定期的に（もしくは、何か新しいことを始める前に）行なわなければなりません。

「やりたいこと」より「いまやるべきこと」を

新たに何かを始めるときや定期的に事業内容を点検するとき、どの事業をオン（始める・継続する）にして、どの事業をオフ（始めない・やめる）にするか。頭を悩ます選択だと思います。

その指標となる視点が「やりたいことより、いまやるべきこと」です。

社長に「あなたがいまやりたいことは？」と質問すれば、きっと次から次へと答えが出てくるでしょう。「やりたいこと」は、社長自身の欲求そのものだと言えます。やりたいことがあるから社長をやっているのだろうし、逆にやりたいことがなければ社長は務まりません。

かたや、「やるべきこと」は、そのときどきの会社の状況次第で変わります。ときにはキャッシュを集めることかもしれないし、ときには人の成長かもしれない。そのとき会社でもっとも求められていることが、やるべきことになります。

問題は、「やりたいこと」と「やるべきこと」が、必ずしも一致しないことです。

それでも会社の人的・金銭的資源が潤沢にあれば、「やりたいこと」も「やるべきこと」も両方やればいいという話になります。ところが現実はそう簡単ではありません。会社の資源は無尽蔵ではなく、お金に限りはありますし、社員のリソースや時間にも限界はあります。それゆえ、「やりたいこと」と「やるべきこと」の中から、実際に取り組む事業をいくつか選ばなければなりません。

「やりたいこと」と「やるべきこと」を目の前に並べたとき、人はつい、「やるべきこと」の必要性はわかっているけれど、「やりたいこと」もやりたい誘惑にかられます。そして結局、その誘惑に負けて、「やるべきこともやるけど、やりたいこともやろう。がんばれば、何とかなるだろう」と選択を放棄して安易な判断をしてしまう。実際、そんな社長を何人も見てきました。しかし、その判断が誤りであることは明らかです。

両方やれば、当然オーバーワークになります。社員は疲弊して、仕事のパフォーマンスは落ちます。「やるべきこと」のパフォーマンス低下は会社の経営悪化につながります。

選択すべきときは、選択をしなければならないのです。では、「やりたいこと」と「やるべきこと」のどちらを優先するか。考えるまでもありません。「やるべきこと」に決まっています。

ある会社の会議でも、社長が「やりたいこと」と「やるべきこと」の選択に直面する場面がありました。

この会社は、近年海外にも進出を始めましたが、現地のさまざまな事情から業績を伸ばせずにいました。私としては海外事業の見直しの必要性を感じていました。ただ、社長には「どんどん海外に出ていきたい」という意向があり、「日本は観光立国なんだから、海外を相手にしないと事業に未来はない」「いまはダメでも、将来的に必ず伸びるはずだ」と熱心に話をしていたので、私もひとまず様子を見ることにしたのです。

ところが、そんな悠長なことを言っていられない事態が起こりました。ほかの事業で大きな失敗をして、その支払いのために大量のキャッシュを使ってしまったので、このままでいくと資金繰りがショートするという大ピンチに陥ってしまったのです。

その後、取締役会が開催されることになりました。私は、第一の議題は資金繰りに関することだと当たり前のように思っていました。なぜなら、それこそが「いまやるべきこと」だからです。ところが、議案書を見て驚きました。最初に「海外での事業展開について」という議題が挙がっていたからです。海外展開は社長の「やりたいこと」です。議案書の構成を見る限り、「やるべきこと」より「やりたいこと」を優先しているのは明白でした。

私は取締役会が始まるやいなや、社長に対して「ちょっと待ってください。議題の順番が逆じゃないですか」と異議を唱えました。目の前に「資金繰り」という重大な課題が横たわっているのに、なぜ「海外展開」なんだと。結局、私の主張が受け入れられて、資金繰りについて先に議論することになり、あとに回った海外展開の話は「いまは無理だろう」と立ち消えになりました。

もしあのとき議題の順番を入れ替えなければ、先に「やりたいこと（＝海外展開）」を承認したうえで、「やるべきこと（＝資金繰り）」の話になったと思います。そうなれば、資金繰りに全力を注ぐことができず、会社にとって不幸な結果を招くことになったはずです。

事業のオン・オフを決めるとき、社長は常に「やりたいことより、いまやるべきこと」を心がけなければなりません。

やめることに「聖域なし」

「やりたいこと」に付随して、多くの会社を悩ます「社長案件」についても、ぜひここで触れておきたいと思います。

社長になると直接的な事業部門を持たないことが多いため、社長の「やりたい病」を形にする場所がありません。そこで出てくるのが、社長案件です。先述した「経営者のマイブーム」も、ほとんどの場合、社長案件として現場に下りてきます。

たとえ社長案件でも、ちゃんと数字が上がったり、目に見える成果が出れば別に構いません。しかし現実には、社長案件の失敗で会社の経営が傾くケースが実に多いのです。

社長案件は、会社にとって非常に扱いが難しい問題だと言えます。

誰の目から見ても「これはダメだろう」という内容でも、社員たちは何も言わない。下手に口を挟めば面倒なことになるのがわかっているので、「どうせ、そのうちブームは去るだろう」「それまで適当に合わせておけばいい」と静観し、誰も社長に対して耳の痛い話はしません。会議の場でも、社長案件は特別扱いで突っ込んだ議論さえできない。要するに、社内のアンタッチャブルになっているのです。

社長自身も、ほかの案件ならいざ知らず、自分の思い入れがたっぷり詰まった社長案件は「どうしてもやりたいこと」として特別視して、いくらダメでも続けようとしてしまう。冷静な判断ができないのです。

こうなると、社長案件は聖域化してしまい、誰も手をつけることができなくなってしまいます。そんな状態が会社にとって健全であるはずがありません。

とはいえ、どれだけ社長案件が会社のお荷物事業だとしても、社員の側からはなかなか「やめましょう」とは言い出せません。つまり、社長案件を「始める」のも社長の決断ならば、「やめる」のも社長自ら決断を下さなければならないのです。思い入れのある事業をやめるのは悔しいでしょう。何とかして残せないものかと思うかもしれません。しかし、

「やめることに聖域なし」なのです。

これまで困った社長案件をいくつも見てきましたが、印象に残っているものをひとつ挙げるとすれば、あるメーカー企業の事例を思い出します。

その会社の社長は大の女性アイドル好きで、企業のイメージキャラクターにも人気アイドルを使っていました。傍から見れば、その会社が行なっている事業と女性アイドルのイメージは結びつかず、明らかにミスマッチでした。しかし、「社長案件」だったため、誰も止めることができなかったのです。さらに顧客に配る販促物、販促中のポスターにも、女性アイドルがでかでかと載っていました。現場の社員たちは「お客様が欲しがるわけがない」と考えて、販促物が入った段ボールを倉庫に積んだまま、ほとんど配布しなかったそうです。顧客の目に触れず、倉庫に眠っている販促物ほど無意味なものはありません。

私は、世の中のすべての社長案件を否定するつもりはありません。社長の「何としてでもやりたいんだ」という熱意は、会社を成長させるための何ものにも代えがたいエネルギーになります。ただし、思い入れが強すぎるあまり、周りが見えなくなるのはいけません。この事例のように、自社のＰＲという重要な事業の方向性を決めるのに、会社の都合ではなく、自分の趣味を優先させるのはいかがなものかと思います。

社長案件を進めるのであれば、必ずその事業の適正性や採算性、ほかの事業とのバランス、社員たちの気持ちなどを客観的に分析しながら、ある程度の範囲内においてやるべきです。そして、もしダメだと感じたら、決して聖域をつくらず、自らやめる決断をする。もし自分で判断する自信がなければ、前項でも述べたように参謀の力を借りて判断してもらってもいいと思います。

今日と明日のバランスを考え、好調事業をあえてやめる

やめることが難しいといっても、現状での採算性が悪く、明らかに将来性もない事業をやめるのは、慣れればそれほど難しいことではありません。

本当に難しいのは、好調事業をあえてやめる決断をすることです。

「うまくいっている事業ならば、やめる必要はないのではないか」「もしやめるとしても、悪くなってからでいいのではないか」。そう思うかもしれません。しかし会社経営とは、そんな単純なものではなく、ときに好調事業をあえて手放す決断をしなければならないと

きもあるのです。

では、好調事業をやめなければならないのはどんなときか。私は「今日の事業を突き詰めていっても、明日がないと判断したとき」だと考えます。

いま手がけている事業が、現段階では好調で数字も伸びているとします。しかし、数年後もしくは十数年後を考えたとき、その事業を動かしている技術的なことがほかの何かによって置き換えられる可能性が予測された場合、その事業に「明日はない」かもしれません。

また、「十数年後にこんな会社になっていたい」という未来のビジョンを思い描いてみてください。その未来像から現在の状況を見たとき、いまやっている事業と未来のイメージがどうしてもつながらないときも「明日がない」と言えます。

「明日」がない事業を、「今日」一生懸命にやって成長させていく行為は、まったく無意味とは言わないまでも、非効率であることは間違いありません。

なぜなら、事業を伸ばすためにはそれなりの時間とリソースをかける必要がありますが、もしその事業が数年先になくなってしまったら、かけた時間とリソースのほとんどが水泡に帰してしまうからです。さらに、事業というものは規模が小さいうちは比較的容易に閉めることができますが、大きく成長をしたあとだと閉めるのにも時間と労力がかかります。

つまり、大きくなりすぎる前に手を打った方が賢明な判断と言えるのです。確かに、「今日」の好調事業をやめれば、一時的にP／L（損益計算書）は傷みますし、資金繰りも苦しくなります。しかし、「明日」にやめるよりも、その被害は小さくて済むのです。

こうした現状と未来を比較する視点を、私は「今日と明日のバランス」と呼んでいます。いま動かしている事業をどのタイミングでやめるのか、それともそのまま継続するのか。その線引きをするのは極めて困難ですが、社長は今日と明日のバランスを考えて、どこかで決断をしなければならないのです。

Ｉｎｄｉｇｏ Ｂｌｕｅでも、二〇一三年まではコンサルティング業務を積極的に展開して好調な実績を上げてきましたが、二〇一四年からはコンサルティング業務を減らして、体験型ケーススタディ「Organization Theater（オーガニゼーションシアター）」を主要事業に据えるようになりました。

コンサルティング業務は一つひとつの案件の金額が大きいし、何よりもやっていて楽しい仕事でした。しかし、依頼が入ってくるときと入ってこないときの波が激しすぎて、会社を安定的に成長させていくことができないので、ビジネスモデルを根本的に見直すことにしたのです。収益面では一時的にすこし落ちてしまいましたが、「今日と明日のバランス」

を考えたとき、やはり「コンサルティング業務の縮小」は避けては通れない決定だったと思っています。

社会の状況は常に動き、変化しています。いまの好調事業が、この先何年後、何十年後も好調事業でありつづけることは極めて稀です。顧客のニーズや技術の変化によって、いまはうまくいっていることがひっくり返ってしまうことは当然考えられます。

自分たちのビジネスが何をもって成立しており、何が起これればひっくり返ってしまうのか。ひっくり返るのは数年後なのか、それとも数十年後なのか。今日と明日のバランスを考えて、もし「明日がない」と判断すれば、いくらその事業が現状で多くの売上げを上げていても縮小や撤退を考えなければならないのです。

部下の「やめる」を正しく評価する

ここまでは、主に経営的な観点からの「(事業を)始める・やめる・続ける」の話——

いかに経営者として個々の事業に対して適切な判断を下し、健全な会社運営をして、社員にとって働きやすい環境をつくるか――について述べてきました。

本法則の最後に、すこし視点を変えて、部下の「やめる・続ける」をどう評価するかについて考えてみたいと思います。

社員に仕事を任せて、しばらくすると何らかの結果が出ます。「お客様が増えた」「売上げが上がった」などのよい結果であれば、言うことはありません。問題は、うまくいかなかったとき。

社長が「どうだ？　やれそうか？」と聞けば、社員はきっと「がんばります」「成果が出るまで続けたいです」と言うでしょう。社員としては、「できないままで終わりたくない！」という意地もあるだろうし、「社長に『どうだ？』と聞かれて、『できない』とは答えられない……」という社長の目を気にする気持ちもあるはずです。

社員が「がんばります」「やらせてください」とヤル気を見せれば、社長もその熱意にほだされて、「じゃあ、もうちょっとがんばってみろ！」と続けさせる決断をするかもしれません。

これまでの法則で話してきたように、社員の自発的なヤル気（モチベーション）は仕事をする際にもっとも重要な要素のひとつであり、社長はそのヤル気に水を差すべきではありません。また、社長は社員を信頼して仕事を任せて、その結果に対しては自分が責任を取る覚悟を持つべきです。

その観点から言えば、「続けたい」という社員に対して、「がんばってみろ」とチャンスを与える社長の言動はすばらしいと思います。

ただし、二度目のチャレンジをさせてみて、それでもできないときはどうするか。社員が「もう一回やらせてください」とさらなるヤル気を見せてきたら、情に厚い社長であれば「よしわかった。君がそこまで言うなら」と、もう一回続けさせる決断をするかもしれません。

しかし、この段階での「続ける」決断は、よい判断とは言えません。なぜなら、同じ仕事を二度繰り返しても改善されない場合は、「そもそもできない仕事をやらせている」可能性が極めて高いからです。そうなると、いくら社員の側にヤル気があっても、できるようにはなりません。

「できない仕事を任せている」と判断したら、社員とともにできない原因（たとえば、スキル不足なのか、配置や組み合わせの問題なのか）を検討し、もしできない原因がすぐには解決できないとなれば、その仕事を「やめる」決断を下すべきです。

「社員のため」を考えたとき、「続ける（続けさせる）ことがよいことで、やめる（やめさせる）のは悪いことである」と考えがちですが、必ずしもそうではありません。状況によっては評価が逆転して、「（社員にとって）続ける（続けさせる）のはよくないことで、やめる（やめさせる）ことがよいこと」となることもあり得ます。

社員はヤル気に満ちている。

社長は「社員のため」を考え、行動している。

両者のこうした関係性はまさに本書が目指しているところではありますが、互いのポジティブな気持ちがかえって「やめる（やめさせる）」という決断を鈍らせて、できない仕事をズルズルと「続けてしまう（続けさせてしまう）」ことも、多くの会社でよく見かける光景です。

「やめる（やめさせる）」ことに対して、私たちはついネガティブな印象を持ってしまいますが、状況によっては「やめる（やめさせる）」ことが「社員のため」になることもあるのです。

法則 7

異動や抜擢で「いまに甘んじない組織」に

「安定した成長力」より「変化への対応力」を

会社経営に携わる中で、最近顕著に感じることがあります。それは世の中の変化の速さです。

かつては会社の中期計画と言えば五年スパン、長期計画と言えば一〇年スパンぐらいで考えるのが一般的でした。ところがいまは、中期で三年、長期で五年が普通です。さらに言えば、三年も経つと世の中のニーズや流行、テクノロジーはまったく別物のように変わってしまうので、そもそも計画すること自体に意味がないのではないかという意見さえあります。先々のシナリオを思い描いて成長していくのではなく、目の前で起こっている変化にフレキシブルに対応しながら日々成長していく。そんな「柔軟さ」や「しなやかさ」が企業にも求められているのです。

そんな変化の時代において、一部のオーナー企業は非常に難しい状況にある、というのが私の印象です。

オーナー企業の多くは、周りがどうこうというよりも、自社の技術力や自社の信念を軸に経営を行なっています。確かに、自社の技術や信念に誇りや自信を持つことは大切ですし、それがない会社はそもそも成長できません。ただ、「それだけでは危ない」とも、私は思うのです。

自社の技術や信念を軸に進んでいくことは構いません。しかし、そればかりに注力するあまり、結果として時代の流れから著しく逸脱してしまい、会社を潰してしまうこともあり得ます。

「法則6」の「好調事業をあえてやめる」と同じです。いま、自社の得意技術を駆使した事業を展開して好調だとしても、明日も同じように好調だとは限りません。「今日と明日のバランス」を考え、「明日がない」と判断したら、自社の得意技術や信念を変えてでもほかの何かに移行しなければ、これからの時代を生き残ることはできません。

つまり、会社を健全な状態で存続させるには、時代の変化に対応できるしなやかな組織づくりが必要なのです。そのための要となるのが、やはり人（社員）の力です。社員一人ひとりが時代の変化を見て、自発的に動いてくれるようになれば、おのずと組織としての「変化への対応力」も向上します。

ただし、組織には「柔軟さ」「しなやかさ」「変化」とは逆向きの力――「硬直化」に向から力――も常に働いているので、注意しなければなりません。

先述した「自社の技術力や信念にこだわりすぎること」はその典型です。

また、組織内ヒエラルキーとしての「派閥」、もっと砕けた言い方をすれば「誰が親分で、誰が子分か」という関係性も、強固に定着しすぎると変化への阻害要因になります。

派閥とは、「社長、部長、課長、主任、平社員」という表向きの組織とは別のパワーバランスで動いている、言うなれば裏の組織です。ときとして、そんな裏の関係性が社内で強い影響力を持ち、「この案件については、上司の○○さんに確認をしなければならない」「社員の△△は□□さん派だから、この議案には反対するかもしれない」といった話になります。社内に派閥ができるのは、ある意味自然なことなので、仕方がないと言えます。

ただ、その縛りが強くなりすぎると、本来ならば動ける資質があるのに動けない社員が出てきてしまいます。

派閥による硬直化を回避するには、社内派閥における親分系の上司を異動させる方法があります。すると、その親分に抑え込まれていた社員たちが自由になって、力を発揮できるようになります。前の親分よりももっと優秀な親分が出てきて、現場の社員の力をそれまで以上に引き出してくれるかもしれません。

社員に三年以上同じ仕事をさせないことも、組織の硬直化防止に有効です。「法則2」の「モチベーションに水を差さない」でもお話ししたように、ある仕事に就いた社員は、三年続けると仕事の全体像がだいたい見えてきて、五年続けるとベテランの域に達して、七年続けるとほかに代わる人がいない状況になります。そうなってしまうと、その社員はもはや動こうにも動けない状態に陥ってしまいます。そうなる前、だいたい三年ぐらいを目安に定期的に異動をさせて、モチベーションを維持させるとともに、社員のスキルが陳腐化しないように配慮しなければなりません。

さらに「法則5」で述べた、ポータブルスキルを鍛える場を提供することも大切です。特定スキルだけではなく、ポータブルスキルもしっかりトレーニングしておけば、いざというときに別の仕事をすることになっても社員たちは柔軟に対応できます。そうした個々の対応力が、変化に強い組織の土台となるのです。

このように社長は、組織の硬直化を回避して「いまに甘んじない組織」をつくるために、さまざまな対策を講じなければなりません。本法則では、そのための方法をいくつか解説していきます。

ルールは「守るもの」ではなく、「つくるもの」

組織を運営するために、ルールは不可欠です。ルールとはすなわち、就業規則をはじめとした「各種規則」であり、個々の事業を動かしたり、会社を経営するための「戦略」などを指します。

社長たちがつい陥ってしまうのは、既存のルールを守ることに執着してしまい、結果として組織の動きを硬直化させてしまうことです。

会社のルールは、たいてい「自分の会社はこうありたい」という社長の信念だったり、「以前は、この方法で事業や会社運営がうまくいった」という過去の成功体験がもとになっています。社長から社員に「ああしろ、こうしろ」と指示を出すときも、そのルールに基づいた内容になります。過去の成功体験がベースとなっているので、社員たちは言われたルールどおりに仕事をすれば、ある一定期間は成果を出せるかもしれません。しかし、永続的には無理です。なぜなら、ルールのもとになっている過去の成功体験は、文字どおり「過去」のものであり、「現在」や「未来」に応用できるとは限らないからです。

ルールは必ず陳腐化します。そのときにどう対応するか。それは社長にとってもっとも重要な決断のひとつです。

自分が決めたルールにこだわりつづけるのか。それとも時代の変化に合わせて、ルールそのものもつくり変えていくのか。

正解は、もちろん後者です。

そもそも、なぜ組織にルールがあるのかと言えば、ものごとを円滑に進めるためです。ルールがなければ、何ごとをやるにもいちいち確認をしながら進めなければならず、一向にはかどりません。しかし、一定のルールをみなが共有すれば、そのルールに関する事柄はルールに則って各々の判断で進めることができます。

しかし、長らくルールに従って行動していると、「円滑に動くためにルールを守る」という本来のあり方から外れて、「ルールを守るために動く」という目的と手段が逆転した状況になってしまいます。そうなると、そのルールが明らかに時代の変化に即していなくても、「何よりもルールを守ることが最優先だ」となり、組織は硬直化します。

大事なのは、「ルールを守ること」ではなく、社員や組織のパフォーマンスを最大化するために時代や会社の状況に合わせて「ルールをつくり変えていくこと」です。ルールは絶対不変のものではなく、変化していくものなのです。

ルールづくりのポイントのひとつとして、「事業戦略」と「経営戦略」を使い分けることがあります。

両者を混同している人が多いのですが、実際にはまったくの別物です。事業戦略は「いま」をよりよくするものであり、経営戦略は「未来」をよりよくするものだからです。

ベンチャー系の経営者の方たちと話をしていると、みなさん事業戦略についてはよく語ります。確かに会社の立ち上げの時期は、目の前のビジネスをいかに成功させるかが重要であり、ゆえに事業戦略だけでも構いません。

しかし、起業して何年かが経過して会社の体を成してきたら、事業の未来像を描くこと、つまり経営戦略を描く必要があります。経営戦略とは、いまの事業を一〇パーセント伸ばす話ではなく（それは事業戦略です）、事業体そのものの進化系の話です。言うなれば、その会社が目指している夢の話です。夢と言っても戦略ですから、漠然としたものではなく、具体的な目標にしなければなりません。そして、夢が目標になったとき、人や組織は計り知れない力を出すのです。

これまで数多くの社長と接してきて、この事業戦略から経営戦略への切り替えができていない人が大勢いました。事業戦略という「いま」のルールにこだわりすぎるあまり、経営戦略という「未来」のルールにシフトチェンジできないのです。

繰り返しになりますが、ルールは社員や組織のパフォーマンスを最大化するためにつくり変えていくものです。そのためには、事業戦略と経営戦略をそれぞれつくり、使い分けていくことも必要なのです。

抜擢したら、必ずサポートする

組織の「変化への対応力」を高めるには、抜擢人事も非常に効果的です。抜擢した人材のスキルや活力、そしてその存在感が組織全体に波及して、思ってもみなかった化学変化を起こしてくれるからです。

私自身のキャリアを振り返ったとき、抜擢人事としてもっとも印象深く思い出すのは、二〇〇七年のマーサーの社長の後任人事です。

私が社長を辞める決断をした際、後任候補として三人の役員がいました。彼らはみな優秀で責任感もあり、誰に任せても社長の仕事をしっかりと行なってくれそうでした。ただ、ひとつだけ不安がありました。彼らはそれぞれに社員に対して強い影響力を持っていたため、仮に誰かが社長になった場合、社内のパワーバランスが崩れて大量の退職者が出るおそれがあったのです。

私は一計を案じました。三人の候補者全員に「もしあなたが社長になったら、その次の社長候補には誰を選ぶ？」と聞いて回ったのです。すると、三人が三人とも同じ社員の名前を挙げました。それが、二〇一四年八月まで社長を務めてくれた古森剛氏だったのです。

当時、彼は入社二年目の平社員。後任候補だった役員たちから見れば、下のさらに下ぐらいの立場でした。そんな彼を一気に社長に抜擢したのです。

その後、古森氏自身にはさまざまな苦労や葛藤があっただろうと思いますが、ほとんど退職者を出すことなく、社長職をしっかりと引き継いでくれました。

抜擢した社員に対して、サポートすることも忘れてはいけません。「抜擢」と「サポート」はセットだと考えるべきです。

抜擢された人は、いきなり想像もしていなかった役職に就けと言われて、戸惑っているはずです。前の仕事から新しい仕事への切り替えがうまくできないかもしれません。そうなると、いざ新しい仕事に取り組んでも、はじめはうまくいかない可能性もあります。

周りは「ああ、やっぱりね」「この人には荷が重すぎたんだ」となります。そのときに社長も一緒になって、「やっぱり無理だったか……」となってはいけません。

はじめはうまくいかないのが当たり前です。そこを徹底的にサポートするのが、抜擢した社長の責任なのです。

サポートといっても、別に特別なことをやる必要はありません。

抜擢するほどの社員なので、もともとの実力はあります。社長がやらなければいけないのは、その社員の「影」になることです。たとえば、抜擢した社員が仕切る会議があったら、社長も参加してその社員の隣に座る。発言はしなくてもいいのです。会議中、ただ隣に座っているだけで十分です。

そうすれば、ほかの社員たちに「社長はちゃんと抜擢した社員の面倒を見ている」「社長が後ろ盾になり、力を貸している」と感じさせることができ、社員たちは抜擢された社員に一目置くようになります。

また、ほかの社員が何と言おうが、社長は一貫して抜擢した社員を評価し続けることも重要です。社長がどんなときもポジティブなことを言い続けていれば、周りも自然に「社長がそこまで信頼しているなら、優秀なんだろう、信頼していいだろう（何かやってくれるだろう）」と思うようになります。

抜擢した社員が公の場で明らかに間違った振る舞いをしたり、間違ったことを言っていたとしても、社長はその場では何も言わずに頷いてやります。そしてその後、ほかの社員がいないところで、「あれは違うぞ」「あそこは改めなきゃいけないぞ」と指摘・指導をする。そうした一対一での指摘・指導を何回かすると、抜擢された社員も察するようになり、「これは事前に社長に確認をしておいた方がいいだろう」と思うことは事前に聞きにくるようになります。

抜擢した社員に対する社長のサポートは、そばにいてあげることが第一です。常にそばで見守り、何かあったときにはすぐに話を聞いてあげられる位置にいる。少なくとも一、二年はしっかり見てあげる必要があります。社長がそばにいて後ろ盾になってくれていると思えば、抜擢された社員は安心して、思う存分動き回ることができます。

ちなみに、こうした黙って見守る系のサポートは、マーサー時代の上司たちがよくやっていた手法です。新しいアジアの責任者が就任したときには、さらに上の上司にあたる役員がその後しばらく隣について回っていました。その役員は、会議などに参加はするけれど、基本的には何もしないし、何も言わない。当時の私は、何もわからないので、「なんで、この人はここにいるんだ」「何もしないなら、自分の仕事をすればいいのに」とかなり失礼なことを考えていました。そのくらい何もしなかったのです。

逆に、自分が抜擢した社員だからと、あれやこれやと口を出したり、指示をしたくなる社長は要注意です。「抜擢した社員のためを思って、いろいろ面倒を見てやっている」というのが社長の言い分かもしれませんが、それは明らかに「動きすぎ」です。

抜擢人事をしたあとに社長が動きすぎると、社員の方も社長の顔色を見て動くようになります。結果として社長の思いどおりに動くマリオネットのようになり、せっかく抜擢したのにその力を活かしきることができません。

恥ずかしながら、社長になりたてのころの私もそんな動きすぎを繰り返していました。若いころは、自分も評価されたい、功成り名を遂げたいという欲があるので、「抜擢した社員のために、自分も全力でサポートしなければ」と言いながら、ついつい前に出てしまっていたのです。いま思えば、「社員のため」と言いながら、「自分のため」に動いていたのです。その後、一歩引いて冷静に見守ることができるようになったのは、数多くの会社や経営者と関わり、経験を積んできたからこそだと思います。

実力ある人間を抜擢し、その後黙って見守ってやる。それは言うなれば、その社員が活躍できる場をつくることです。社長の仕事はそれで十分。場をつくれば、あとはその社員が勝手に動いてくれます。

復活人事で「過去の人」を最前線に

抜擢というと、イメージ的に「若く、経験の浅い人を登用する」となりがちですが、実際には若い社員に限ったことではありません。

たとえば、オーナー企業の二代目社長が、先代のときに活躍していた幹部を「疎ましいから」「目の上のたんこぶだから」という理由で、地方に左遷させたり、会社を辞めさせることがあります。会社の「中心的存在」「牽引役」から「過去の人」にするわけです。

こうした偏った人事は、二代目社長にとってはやりやすくなるのかもしれませんが、組織全体で見ると人的損失以外の何ものでもありません。

そんな地方に飛ばされていたり、閑職に追いやられているベテラン社員を最前線に「復活」させることも、組織を活性化させる抜擢です。

私が経営再建に関わったある会社では、次のような復活人事を行ないました。

Wさんという幹部社員がいて、彼は社長に可愛がられていたために、ほかの先輩幹部を追い抜いて昇進を重ねていきました。と同時に、自分の仕事がしやすいようにと、彼の下になった先輩幹部たちを次々に本社の役職から外して、地方に異動させていったのです。Wさんは、最終的にその会社が運営する全店舗を統括する立場になりました。しかし、不幸なことに、Wさんには数店舗を運営するスキルはあっても、全店を統括するだけの力量がなかったのです。Wさんが全店の責任者になったことで、現場は混乱し、業績も落ちていきました。

私が同社に関わるようになったのは、まさにそんな低迷時期。低迷の原因は、中堅のベテラン社員の不在であることは明白だったので、私はすぐにWさんが左遷させたうちの何人かを本社に「復活」させました。現場は大歓迎してくれました。聞けば、現場の社員たちは、地方に飛ばされたベテラン社員たちが頼りになるのはわかっていたので、左遷後もこっそりと会って、いろいろ相談ごとをしていたそうです。復活人事によって、晴れて正式に自分たちの上司として戻ってきたのですから、うれしくないわけがありません。現場は活気づき、その後の経営再建に向けての大きな推進力となりました。

もしベテラン社員を外したのが社長自身であれば、復活人事は躊躇するかもしれません。確かに、自分が外しておいて、「戻ってきてほしい」とはなかなか言えないでしょう。しかし、「会社のため」「社員のため」を思うならば、そんな個人的な感情は乗り越えなければなりません。ほかの幹部や社外の人に間に入ってもらって仲介してもらうなど、あらゆる手を尽くすべきだし、必要ならば、社長自身が「悪かった」と頭を下げるべきだと思います。

社長のあなたを「叱ってくれる人」はいるか？

組織を硬直化させないためには、社員はもとより、社長自身の働く環境にも配慮する必要があります。

私が社長たちによく訊くのは、「あなたを叱ってくれる人はいますか？」という質問です。叱ってくれる人とは、すなわちアドバイザーやコーチのことです。

組織の長である社長に対して、社員たちはそうそう気軽には意見できません。かたや社長自身も、自分が考えていること、感じていることのすべてを社員に話して意見交換できるわけではありません。かといって、自問自答をするだけでは、つい自分の主観に凝り固まってしまい、冷静で客観的な判断ができなくなります。

しかし、身近にアドバイザーやコーチがいてくれれば、定期的に会って話をして、意見をもらったり、ときには厳しく注意をしてもらうことで、自分の考えを整理したり、客観視することができます。企業の最終意思決定者である社長が、自分自身を解きほぐし整えるための場を持つことが、ひいては組織全体の硬直化防止につながるのです。

もしあなたのそばに「あなたを叱ってくれる人」がいなければ、すぐに誰かを引っ張ってくることをお奨めします。

叱ってくれる人は、その役割によって大きく二つのタイプに分類できます。

ひとつは、会社の意思決定に直接的には関わらないけれど、いろいろアドバイスをしてほしい場合。そのときは「顧問」や「コーチ」として身近にいてもらうのがいいでしょう。

もうひとつは、意思決定そのものにもいろいろ意見を言ってもらいたい場合。そのときは「社外役員」や「監査役」として招聘するべきです。

叱ってくれる人として適任なのは、まず何よりも信頼できる人が第一条件です。また、会社経営やその業界の事情をある程度理解していることも必要です。ただし、あまりにも身近すぎる人は避けた方がいいでしょう。近すぎると、こちらの状況を必要以上に知られてしまい、厳しいことを言ってもらえなくなるからです。同じ理由で、コーチや社外役員になってもらったあとも、互いに一定の距離を置いた方がいいと思います。そうした観点から言えば、業界の先輩やかつての上司は、社長の叱り役として最適です。

私自身、三九歳のときから今日に至るまでずっと、プライベートでコーチもしくはコーチ的な存在の人を身近に持つようにしています。きっかけは、「はじめに」でお話しした社長一年目での大失敗です。マーサーで初めて社長になったものの空回りをしつづけて、困り果てていたところ、業界の先輩からほかのコンサルティング会社でパートナーをやっていた人を紹介され、定期的に会うようになったのが始まりです。

以来さまざまな方にお世話になってきましたが、なかでもユニークだったのは、インド人のマハーンさんという著名なコーチです。元はマーサーが会社として契約をしていた人で、ある研修に行ったときに紹介されて、面白そうだったので個人的にもコーチをお願いしたのです。マハーンさんの特徴は、私が何を言っても「う〜ん」とあご髭をなでること。

何も言葉を返してくれないので、さらに私がいろいろ相談すると、相変わらず「う〜ん」とあご髭をなでるだけ。でも、不思議なことにマハーンさんに一方的に話をしていると、いつの間にか自分の考えが整理されて、「なるほど、こうすればよかったんだ」と問題解決ができてしまうのです。

マハーンさんのようにコーチとして正式に契約した人以外にも、私の中で勝手に「この人を自分のコーチにしよう」と決めて、定期的に会う時間をつくってもらっている人もいます。彼らのようなコーチ的な存在の人とは、何かあるたびに会食をして、私の考えや心配事を聞いてもらい、アドバイスをしてもらっています。

誰しも、考えがまとまらずに頭の中がぐちゃぐちゃになったり、感情的になって冷静な判断ができなさそうなときがあると思います。一つひとつの判断や行動の責任が重く、常に重圧を感じているであろう社長であれば、なおさらです。そんなとき、話を聞いてくれたり、相談に乗ってくれ、場合によっては本当に叱ってくれるコーチの存在は、社長にとって貴重なものです。私自身、コーチに救われたことが何度あったことか。

最近では、経営再建のために私が代表取締役を務めることになったパスに、監査役として福田優さんに加わっていただきました。福田さんは、私が初めて勤めた京王プラザホテル時代の上司であり、社会人として未熟だったころから私の面倒を見てくれている大恩人でもあります。何かあるとすぐに頭に血が上り、カッとなっていた当時の私に対して、「柴田は、まるで瞬間湯沸かし器だな」と評したのも福田さんです。三〇年近く私のことを気にかけてくれて、本当にありがたいと心から感謝をしています。

これまでさまざまな会社で社長やアドバイザーを務め、幸いなことに一定の成果を残すことができているのも、決して私一人の力ではありません。それぞれの会社の社員の方たちはもちろん、福田さんのような「私を叱ってくれる人」が常に周りにいてくれたおかげです。

私がいま、若い社長たちの相談に乗ったり、ときには経営メンバーの一員として会社経営に参画しているのも、私自身がこれまで先輩方にしていただいたことに対する間接的な恩返しだと考えています。これまでは「叱ってもらう側」でしたが、これからは求められるならば時間の許す限り「叱り役」として働きたい。そんな思いが最近、特に強くなっています。

本書を執筆した動機もまさにそこにあります。社長のみなさんに対しては耳の痛い話をいろいろさせてもらいましたが、すべては「あなたのため」、そしてあなたのもとで働いている「社員たちのため」です。

私の経験から生まれた七つの法則を活用し、社員の方たちが自ら率先して動きたくなる会社をぜひつくってあげてください。

稼ぐ社員に嫉妬してはいけない

最後に、全体を通した注意点をもうひとつ。

本書の七つの法則を実践していただければ、社員たちはそれぞれ自発的に動き、その才能を存分に発揮してくれるようになり、〝稼ぐ社員〟に育ってくれるのです。

そのとき、社長が絶対にしてはいけないのが、「稼ぐ社員に嫉妬すること」です。

読者のみなさんはこう思うかもしれません。

「稼ぐ社員が育つのは大歓迎だ。嫉妬なんてするはずがない」と……。

しかし、私はこれまでさまざまな企業と仕事をする中で、頭角を現してきた社員を社長が妬み、疎み、最後には自ら排斥する姿を何度も見てきました。

たとえば、あるオーナー企業が不祥事で経営危機に陥ったとき、再建のために外部から

Yという人物を管理部長として招聘しました。Yさんはかなりのやり手で、次々に社内改革に取り組み、成果を出していきました。彼は純粋に会社のため、社員のためを思って働いていました。社長もはじめのうちは「自分の代わりによくやってくれている」という気持ちで全面的に応援していたようです。

ところが、社内で「Yさんはすごい」「彼のおかげで会社を再建できた」「Yさんが来てくれて本当によかった」などとYさんを評価する声が高まり、注目を集めるようになると、社長の態度が徐々に変わっていきました。社長は「自分はのけ者にされている」「いつかYに寝首をかかれるのではないか」と疑心暗鬼に陥り、Yさんを貶めるため、事あるごとにあら探しをするようになり、会議の場ではわざと恥をかかせるような扱いをしはじめたのです。最終的にYさんは会社を辞めざるを得ない状況に追い込まれて、会社を去っていきました。

多くの社長は、「常に自分が一番でいたい」というマインドを持っています。それゆえ、ある社員が仕事で次々に成果を出し、ほかの社員からの信頼や注目を一身に集め、社内での存在感を増すようになると、

「頼りにしているんだけど、認めたくない」

「自分よりも注目を集めていることが耐えられない」

という屈折した感情を抱きます。そして、さらに嫉妬心が高まると、「いつか自分を追い落とすのではないか」「自分の敵になるのではないか」という猜疑心に悩まされるようになり、その結果せっかく育った社員を排除してしまうのです。私の経験上、特にオーナー企業の社長ほど、そんな行動を起こしがちです。

しかし、そんな嫉妬が、愚の骨頂であることは言うまでもありません。

社員たちは誰も社長の座を乗っ取ろうなんて思っていません。彼らは純粋に会社のために働いてくれています。にもかかわらず、社長が勝手に頭角を現した社員を自分と同じ土俵に引き上げて、不安を感じたり、嫉妬したりしているのです。

社長といえども人間です。仕事ができる社員に対して嫉妬心を抱く気持ちはわかります。「嫉妬する必要はない」と頭ではわかっていても、感情を抑えられないこともあるでしょう。私も若いころはそうでした。

ただ、少なくとも本書の読者のみなさんには、せっかく育った稼ぐ社員、会社のために動いてくれる献身的な社員を、自らの手で排斥するような愚かな行為はしてほしくないと思うのです。

自分の小さなプライドにこだわって、社員に対して権力を誇示する必要はありません。

そもそも社長と社員では立っている土俵が異なります。社員たち自身もそのことはわかっています。

社長は、社員たちの活躍を見守りながら、大きく構えていればいいのです。

これが、私からの最後のメッセージになります。

エピローグ

社員の先に見るべきもの

私は、会社の成長には「三つのステージ」があると考えています。

「第一のステージ」は、経営者が自分のやりたいことを定めて、事業を立ち上げる段階。つまり、「起業」です。このステージでは組織云々よりも、経営者その人の情熱や行動力がものを言います。

「第二のステージ」は、立ち上げた事業を通じて、成果を出す段階。このステージになると、「いかに社員に動いてもらうか」が重要になります。経営者が自ら動き回るのではなく、社員たちにそれぞれの能力を発揮してもらいながら動いてもらう。そうすることで会社は着実に伸びていきます。

本書では、この第二のステージにおける社長の動き方、社員との接し方についてお話をしてきました。本書の七つの法則を実践していただくことで、あなたの会社の社員たちは〝稼ぐ社員〟となり、高いモチベーションを持って仕事に臨み、さまざまな成果を上げてくれるはずです。もし現状で事業が停滞をしていても、社員が活性化することで、必ずその苦境を乗り越えることができます。

社員たちが自発的に動いてくれ、事業の好調を維持できるようになれば、会社を経営する立場であるあなたとしてはひと安心かもしれません。

しかし、社長の仕事はここで終わりではありません。

どんな会社でも、成長に伴って銀行からの融資額が増えたり、投資会社からの資金が入ってきたり、ほかの会社と業務提携を結んだりと、自社以外の人や組織との関係性が生じてきます。彼らは全員、あなたの会社の「利害関係者」です。

そうした利害関係者の利害を調整して、彼らの期待に応えながら、会社をさらに発展させていく。それが会社の成長の「第三のステージ」になります。

利害関係者には「株主」「投資会社」「顧客」「金融機関」「取引先」「社会」などがあります。

事業家としての意識で仕事をしていると、つい「自分の会社」や「自社でやるべきこと・やりたいこと」を中心にしてものごとの判断をしてしまいがちです。

たとえば、社長であるあなたは「長期安定的に会社を成長させたい」「長い目で見て、社会に貢献できるような会社にしたい」と考えて、経営しているかもしれません。しかし、すべての利害関係者が同じ考えを共有しているかと言えば、必ずしもそうではありません。「株主」の中には、あなたと同じように長期安定的な株価上昇を期待する株主もいれば、逆に短期的な株価上昇を期待する株主もいるはずです。

「自社中心」の視点しかないと、自社の方針や利害を最優先して、短期型の株主のような自社と利害が一致しない利害関係者の期待を無視したり、退けたりします。

自社の利害を最優先する――こうした態度は、経営者として一見正しいことのように感じるかもしれません。しかし、私に言わせれば、「経営者としての怠慢」以外の何ものでもありません。

自分の会社に複数の利害関係者が関わっている場合、当然その期待は一通りではなく、矛盾したり、対立したりすることもあるでしょう。けれども、それらの利害を無視したり、否定したりしてはいけません。すべての利害関係者の利害を意識して、ときには互いに建設的な妥協をしてもらいながら、それぞれの期待に応えるべく最大限の努力をすること。「会社経営」とはそういうものです。

本書の中で再三述べたキャドセンターの再建のときも、社内改革に着手しながら、私は関係する金融機関を回って、会社の状況を説明して支援を要請しました。

中小企業の社長の中には「金融機関に会社の状況を事細かに話すと、お金を貸してくれなくなる」「金融機関は所詮『雨が降ると傘を取り上げ、天気になれば傘を貸す』のだ。われわれの味方ではない」などと言う人がいます。

しかし、私はそうは思いません。確かに利害は異なるかもしれませんが、彼らが味方であることは間違いないと思うのです。大事なことは誠実にコミュニケーションをとり、こちらの要望を伝えるだけではなく、彼らの要望（利害）に対してこちらも理解を示し、最大限応える努力をすることです。

事実、キャドセンターのときは、こちらの現状や再建計画を真摯に説明して回ることで、ほとんどの金融機関が支援を約束してくれました。

現在、私が代表取締役を務めるパス株式会社でも、長期的な株価上昇を期待する株主と短期的な株価上昇を期待する株主とがいます。両者の株主がパスに期待していることはまさに真逆ですが、それぞれの期待にどう応えていくかが、経営再建を託された私の最大の使命だと思って、日々試行錯誤をしています。

本書の七つの法則を実践し、「第二のステージ」にしっかりと立つことができたみなさんには、ぜひ「第三のステージ」に進み、いろいろな利害関係者を巻き込みながら、これまで以上に大きな仕事にチャレンジしていただきたいと思っています。

すべての利害関係者の期待に応えていくことが、極めて困難であることは、私自身さまざまな会社の経営に携わってきたので、よくわかります。しかし、「自社中心」の立場を脱して、利害関係者の利害調整ができてこそ、会社はさらに成長し、会社に関わるすべての人々――社長や社員、社外の関係者のすべての人々――が幸せになれるのです。

二〇一五年は、私にとって節目の年になります。一九八五年に社会人になったので「社員」としての経験が一五年。二〇〇〇年からは複数の企業で代表者（社長）という役割を務めていますが、これが今年で一五年目です。これからは「社長」歴の方が長くなります。

これまで、ずいぶんいろいろな経験をさせてもらってきました。ありがたいことです。この本はいわば、この三〇年間で私自身が経験したこと、失敗したことからの学びのエッセンスをとりまとめたものです。

このような経験（失敗）ができたのは、お世話になった多くの方々の導きのおかげです。京王プラザホテル時代に人事部長としてご指導いただいた福田優さん（現・パス株式会社監査役）、在オランダ大使館時代に公私にわたって面倒を見ていただいた秋山進公使、マーサー時代に私を採用し、その後ご自分の後継者として社長に推挙してくれた大滝令嗣さん（現・早稲田大学ビジネススクール教授）、大企業のＣＯＯという役割にチャレンジさせてくれたカルチュア・コンビニエンス・クラブ株式会社代表取締役社長の増田宗昭さん、そしてキャドセンターの再建ほか、さまざまな案件でご示唆をいただいているＯａｋキャピタル株式会社代表取締役会長兼ＣＥＯの竹井博康さんには大変お世話になりました。ここには書ききれないくらい多くの方との巡り合いがいまの私を形成しています。皆様方との出会いなくして柴田励司の経験はありませんでした。この場をお借りして御礼申し上げます。

最後に、この本の企画から編集にわたり、ダイヤモンド社の久我茂さん、ライターの谷山宏典さんには大変お世話になりました。お二人とのディスカッションがあったからこそ、過去の体験が学びのコンテンツとしてまとまりました。ありがとうございます。

この本が現社長、未来の社長にとってのヒント集になりますことを祈念して。

柴田励司

二〇一五年二月

[著者]
柴田励司（しばた・れいじ）
1962年東京生まれ。上智大学文学部英文学科卒業後、京王プラザホテル入社。京王プラザホテル在籍中に、在オランダ大使館に出向。その後、京王プラザホテルに戻り、人事改革に取り組む。1995年、組織・人材コンサルティングを専門とするマーサー・ヒューマン・リソース・コンサルティング（現マーサージャパン）に入社。2000年、38歳で日本法人代表取締役に就任。組織に実行力をもたらすコンサルティング、次世代経営者層の発掘と育成に精通する。2007年、社長職を辞任し、キャドセンター代表取締役社長、デジタルスケープ（現イマジカデジタルスケープ）代表取締役会長、デジタルハリウッド代表取締役社長、カルチュア・コンビニエンス・クラブ代表取締役COOなどを歴任。
2010年７月より「働く時間・学ぶ時間」をかけがえのないものにしたい、という思いのもと、経営コンサルティング事業と人材育成事業を柱とする（株）Indigo Blueを本格稼働。代表取締役社長を務めている。
著書に『組織を伸ばす人、潰す人』（PHP研究所）『39歳までに組織のリーダーになる』（かんき出版）などがある。

社長の覚悟
――守るべきは社員の自尊心

2015年３月12日　第１刷発行

著　者――柴田励司
構　成――谷山宏典
発行所――ダイヤモンド社
〒150-8409　東京都渋谷区神宮前6-12-17
http://www.diamond.co.jp/
電話／03･5778･7234（編集）　03･5778･7240（販売）
装丁――――遠藤陽一
本文デザイン―布施育哉
製作進行――ダイヤモンド・グラフィック社
印刷――――八光印刷（本文）・共栄メディア（カバー）
製本――――ブックアート
編集担当――久我 茂

ISBN 978-4-478-06245-6